초등 학급경영, 심리학이 필요해

들어가며

처음 뵙겠습니다. 아베 신야입니다.

포레스타넷*에 저의 실천법을 투고한 지 1년이 조금 지난 시점에 감사하게도 다양한 인연이 쌓여 이렇게 책을 출간하게 되었습니다. 《초등 학급경영, 심리학이 필요해》의 독자가 되어 주셔서 정말 감사합니다.

● 왜 심리학을 사용하는가

이 책은 심리학 지식을 빌려 다양한 실천법을 시도하고 있습니다. 불교대학(佛教大学) 이시카와 미치코(石川美智子) 교수의 논문 《학급 경영의 동향-학급의 변천·전후 학급경영논문과 초등학교 교사의 조사-》에 의하면 학급경영 측면에서 과학적 근거에 따른 실천 연구가 이루어지지 않고 있다는 지적이 있습니다. 여러 해 동안 쌓아 온 교사의 직감과 감각만으로 학급을 경영하는 경우가 많다는 겁니다. 그 결과 많은 신임 교사들이 학급을 원활히 경영하는 데 어려움을 겪고 있습니다.

* 일본의 선생님들이 투고한 수업 활동과 학급경영 테크닉이 실려있는 정보 공유 사이트

이 책의 목적은 심리학이라는 과학적인 학문의 지식을 빌려 한층 풍요롭게 학급을 경영할 수 있도록 돕는 것입니다. 심리학 용어를 쓴 이유는 저의 실천법이 당연하다거나 정답이어서가 아니라 심리학 용어를 통해 심리 법칙과 심리 효과 등을 폭넓게 이해하고 응용하여 훨씬 더 좋은 방향으로 발전되기를 바라는 마음이 있기 때문입니다. 그 외에도 다방면으로 활용하고 있는 실천법을 다수 게재했고, 이 역시도 심리학적으로 고찰하고 가치를 평가하며 기술했습니다.

● **전략적 학급경영이란 무엇인가**

전략적 학급경영이란 아이들의 심리를 파악해 학급경영을 전략적으로 전개하는 것입니다. 자세한 설명을 하기 전에 애초에 학급경영에서 무엇이 중요한지부터 생각해 봅시다. '학습지도 요령해설 특별활동 편*'에는 학급경영에 관해 다음과 같이 적혀있습니다.

교사와 아동의 신뢰 관계를 바탕으로 한 안심할 수 있는 장소를 만드는 것은 물론, (중략) 사이좋게 지내거나 서로 신뢰할 수 있는 관계를 쌓아야만 한다.

이처럼 교사가 아이와 상호 신뢰 관계를 쌓아 아이가 안심할 수 있는 장소를 만들어 주는 게 무엇보다 중요하다는 사실을 알 수 있습니

---

* 수업에서 주요하게 다뤄야 할 내용을 설명한 것으로 현장 교육에서 활용되고 교과서 편찬 시 지침으로 쓰인다.

다. 신뢰 관계를 형성하지 못했을 경우 어떤 사태를 예상할 수 있을까요? 예상되는 상황은 아이들의 학급 생활이 원활하게 이루어지지 않는 것입니다. 그 결과, 아이가 교사를 믿지 못하거나 아이들끼리 서로 상처를 주기에 이릅니다. 그리고 이러한 일이 악화되면 '학급 붕괴'로 이어집니다. 학급 붕괴가 일어나면 학생 개개인은 학습 자유를 빼앗기고 안심할 수 있는 장소를 잃게 됩니다. 심지어 아이 스스로 목숨을 끊는 끔찍한 사건이 발생하기도 합니다.

전국의 교사는 신뢰 관계를 구축하기 위해 사랑과 성실함으로 아이 한 명 한 명을 대하고 있습니다. 당연히 저도 그중 한 사람입니다. 아이들은 아주 순수하고 학습 욕구가 넘쳐 개개인이 빛이 나지요. 그러나 학급 붕괴는 전국에 존재하는 현실의 문제입니다. 학급경영은 사랑과 성실함, 감각만으로는 달성할 수 없는 매우 어려운 일입니다. 교사는 사랑과 성실함뿐만 아니라 '전략적인' 학급경영을 통해 모든 아이가 안심하고 안전하게 생활할 수 있도록 해야 합니다.

이 책에서는 심리학의 지식을 빌려 아이의 심리를 헤아리면서 학급경영에 전략을 가지고 아이들을 이끄는 것을 '전략적 학급경영'이라고 부릅니다. 교육 현장을 좀 더 개선하고 싶은 마음, 아이들을 위해서 더 좋은 학급경영 방법을 제안하고 싶다는 마음으로 사랑과 열정을 담아 썼습니다. 지금 학급경영에 어려움을 겪고 있거나 학교 현장을 좀 더 개선하고 싶은 교사에게 이 책이 자그마한 도움이 된다면 좋겠습니다.

들어가며 4

이 책에서 지향하는 학급의 모습과 기본 원칙 10

Part 1 새 학년 새 학기

편지로 시작하는 최고의 첫 만남 하드 투 겟 테크닉	14
개학식에서 교실로 이동하기 인행싱 효과	18
개학 1일째① 일 년을 결정짓는 교사의 말 초두효과	23
개학 1일째② 아이스 브레이킹 소마틱 개념	29
개학 2일째① 새로운 규칙 설명하기 리프레이밍	42
개학 2일째② 당번 지도하기 사회적 태만(프리 라이더) 방지	45
개학 2일째③ 다음 수업 준비하기 즉각 확인의 원리	58
개학 2일째④ 수업의 흐름 알려 주기 스키마	63
개학 2일째⑤ 친밀감 쌓기 소마틱 개념	66
개학 2일째⑥ 교과 리더 정하기 자기유용감	70
학급 목표 정하기 자기결정감	76
아이들의 언어에 주목하기 메타인지	82

바르게 듣는 자세 지도하기 침묵 테크닉   85

여름 방학 후 등교 첫날 지도① 초두효과   89

여름 방학 후 등교 첫날 지도② 숫자 효과   95

Part 2 일상

자치적인 학급집단으로 성장시키기 자기결정감   100

일기로 아이와 교감하기 변시 효과   106

칭찬 테크닉① 칭찬을 가시화하기 토큰 이코노미   110

칭찬 테크닉② 효과적으로 칭찬하기 우연히 들은 효과   116

칭찬 테크닉③ 다른 선생님의 칭찬 전하기 원저 효과   120

칭찬 테크닉④ 간접적으로 칭찬하기 원저 효과 응용   124

칭찬 테크닉⑤ 모두를 칭찬할 찬스 찾기 자기긍정감   127

교실을 깨끗하게 유지하기 모델링   133

부탁으로 신뢰 쌓기 언더독 효과   136

오고 싶은 학교 만들기 피크엔드 법칙   141

아이에게 답을 끌어내기 퀘스천 테크닉   144

제출 마감을 지키게 하기 기한 결정 효과   148

공평한 지도 알려 주기 리프레이밍   151

모범생도 공평하게 혼내기 사회 비교 이론   156

'모두 즐겁게 지내는 것 같니?' 질문하기 투영법   159

Part 3 문제 대응

사실 확인① 사실 확인은 아이를 통해 하기 퀘스천 테크닉	164
사실 확인② 솔직한 대답 끌어내기 손실 회피의 법칙	170
싸움 중재① 서로의 이야기 들어주기 자기합리화	173
싸움 중재② 잘못을 인정하게 하기 이븐 어 페니 테크닉	176
싸움 중재③ 사과하도록 지도하기 호의의 반보성 원리	180
싸움 중재④ 사과에 대한 저항감 없애기 예스 긍정화법	183
일상의 사소한 갈등에 대처하기 메타인지	186
교사의 마음 전하기 스케일링	189
문제 해결 후 불만 해소하기 퀘스천 테크닉	193
문제 개선 촉구① 자극으로 의욕 환기하기 리액턴스 효과	197
문제 개선 촉구② 직접 체험해 보기 롤플레잉	201
욱해서 친구를 때리는 아이 지도하기 솔루션 포커스 어프로치	204
단체 놀이에서 불만에 대처하기 메타인지	210
아이들이 집중하지 못할 때 대처하기 릴랙스 효과	214
공감하며 상황 지켜보기 경청	218
성장하고 있다는 점 알려 주기 라벨링 효과	222
마치며	225

이 책에서 지향하는 학급의 모습과 기본 원칙

　이 책은 심리학 지식을 빌려 실천한 사례를 모았습니다. 따라서 본 실천법은 아이에게 큰 영향을 끼칩니다. 그렇기에 방법 그 자체뿐만 아니라 '어떠한 목적을 가지고 실행하는가'를 이해하는 게 매우 중요합니다. 따라서 구체적인 실천 내용에 들어가기 전에 이 책에서 전략적 학급경영이 목표로 하는 학급의 모습과 기본 원칙을 소개하고자 합니다. 목표로 하는 학급의 모습은 아래 두 가지입니다.

1. 모든 아이가 안심하고 안전하게 생활할 수 있는 학급

　'들어가며'에서도 언급했지만, 아이들의 성격은 각기 다릅니다. 학급은 다양한 아이가 섞여 있는 집단입니다. 학급 안에서 서로의 가치관이 부딪히기도 하고 상처를 주거나 받을 수도 있습니다. 본 실천법에서는 모든 아이가 '안심'할 수 있도록 '안전'이 확보된 공간을 만들어 주는 것을 목표로 합니다.

2. 스스로 생각하고 행동하는 학급

　교육 활동은 법과 규칙 등에 따라 행해집니다. 그렇다 보니 아이들이 강제로 교사와 어른의 말을 들어야 하는 형태가 되기 쉽습니다. 하지만 그렇게 되면 스스로 선택하고 판단하는 힘을 기를 수 없습니다. 본 실천법에서는 집단적 합의를 형성할 수 있도록 지도하면서 자주적으로 규칙을 정할 수 있는 학급 형성을 목표로 합니다.

이처럼 아이 개인과 학급의 성장을 목표로 삼아 학급경영을 실천합니다. 아이와의 신뢰 관계를 바탕으로 한 안심되고 안전한 교실 만들기, 그리고 자율적인 집단 형성을 목표로 한 실천법입니다.

이 책에서 소개하는 실천법은 아이들의 반응과 행동을 특정 방향으로 일부 유도하는 측면이 있지만, 그 근간이 되는 것은 아이들에 대한 이해입니다. 아이들을 좀 더 올바르게 이끄는 데 필요한 일이라고 생각합니다.

기본 원칙 1 - 아이에게서 답을 끌어낸다

사람은 하지 말라는 말을 들으면 하고 싶어지고, 하라고 하면 하기 싫어집니다. 예를 들어 아이들 간에 싸움이 일어났을 때, 교사는 "싸우지 말고 상대방을 배려해서 행동합시다." 등 일방적으로 해결책을 지도하곤 합니다. 그러나 아이들은 "~하세요."라는 말을 들으면 반항하는 심리가 작동합니다. 따라서 아이에게서 답을 '끌어내는' 방식을 취해야 합니다. 아이들은 답을 알고 있습니다. 전략적 학급경영에서는 '아이에게 그 답을 어떻게 끌어내고 격려할 것인가'라는 관점으로 행동합니다.

기본 원칙 2 - 아이 스스로 결정하게 한다

아이를 지도할 때 교사는 명령하거나 금지하는 어조를 사용하기 쉽습니다. 이때, 교사가 일방적으로 밀어붙이지 말고 아이 스스로 결정할 수 있도록 지도하는 것이 중요합니다. 아이들은 아이들끼리 결정한 사항은 지키려고 합니다. 스스로 정한 것은 책임지고 지키려는 심리가 작용하기 때문입니다. 이러한 심리 작용을 참고하면 효과적으로 지도할 수 있습니다.

《초등 학급경영, 심리학이 필요해》에서는 아이에게서 올바른 답을 끌어내고, 스스로 결정하게 하는 것에 초점을 둡니다. 그 배경에는 아이를 향한 신뢰와 아이의 심리 작용을 응용한 효과적인 지도가 깔려 있습니다.

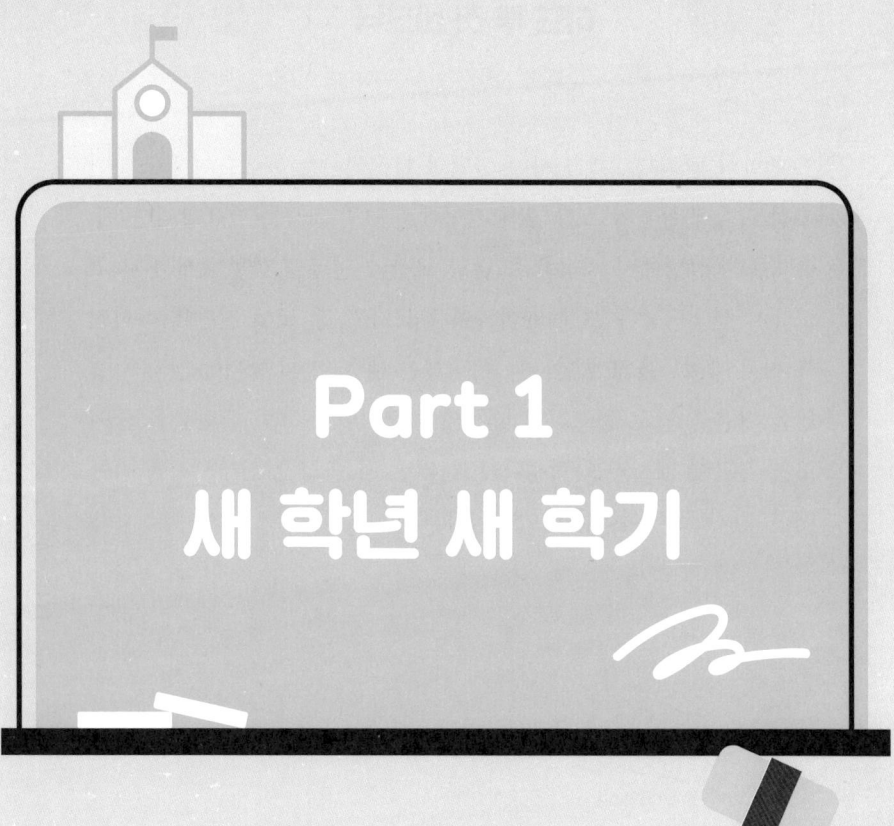

Part 1
새 학년 새 학기

편지로 시작하는 최고의 첫 만남
하드 투 겟 테크닉

 개학식 날 아침, 제가 사는 지역의 학교에서는 아이들이 등교하면 우선 교실에 들어가고 그 후에 강당에서 담임 교사를 발표합니다. 즉, 아이들은 강당에서 처음으로 담임 교사와 얼굴을 마주하게 됩니다. 그래서 선생님들은 보통 아이들이 등교하기 전 교실 칠판에 메시지를 써서 아이들을 맞이합니다. 아이들은 새 학년 새 학기에 상당히 불안한 마음을 안고 등교하기 때문에 선생님들은 그런 불안감을 줄이고자 칠판에 메시지를 적습니다. 하지만 저는 칠판에 메시지를 적는 대신 '편지'로 아이들을 맞이합니다.

심리 키워드

하드 투 겟 Hard to Get 테크닉

하드 투 겟 테크닉이란 상대방에게 "특별히 당신에게만요."라는 뜻을 표현함으로써 좋은 인상을 심어 주는 기술입니다. 특별한 느낌을 받을 수 있도록 편지를 사용합니다.

> 6학년 2반 여러분에게
>
> 짧지만 편지를 썼습니다. 끝까지 읽어주면 좋겠어요.
> 6학년이 된 것을 축하합니다.
> 초등학교 6년 동안 등교하는 일수는 약 1,200일이에요.
> 여러분은 이미 1,000일을 등교했어요. 고생했고 칭찬합니다.
> 그리고 앞으로 남은 초등학교 생활은 204일.
> 지금, 그 1일째가 시작됐습니다.
> 창밖을 봅시다. 지금까지와는 다른 풍경이죠?
> 창밖 풍경처럼 앞으로의 1년은 분명 특별한 시간이 될 거예요.
> 6학년만 할 수 있는 활동으로는 신입생 도우미, 수학여행,
> 그리고 졸업식 등이 있습니다.
> 이 1년 동안 많이 웃고, 멋진 추억을 잔뜩 만들어보세요.
> 여러분에게 최고의 1년이 되기를 진심으로 바랍니다.
>
> 곧 여러분과 만나는 게 기대되는 6학년 2반 담임 선생님이

실천 전략

STEP 1 → 편지를 써서 아이들 책상에 하나씩 올려 둡니다.

편지에는 학년이 올라간 것을 축하하는 말과 아이들이 지금까지 해 온 노력을 칭찬하는 내용을 담아 아이들이 '앞으로 힘내야지' 하고 의욕을 가질 만한 글을 씁니다. 그림 속 편지글을 참고해 주세요.

아침에 등교한 아이들은 '뭘까?' 하면서 편지를 보게 되겠죠. 그리고 책상 위라는 한정된 공간에서 교사의 열정 가득한 첫인사를 받습니다. 이렇게 편지를 쓰면 칠판에 쓰는 것보다 아이들에게 메시지가 잘 전달되는 효과를 기대할 수 있습니다. '당신에게만 보냅니다'라는 특별한 느낌에서 오는 효과입니다.

아이들은 이 편지를 집에 가져갈 것입니다. 학부모는 아이가 개학 첫날에 들고 온 가정통신문 등의 문서를 보다가 이 편지를 읽고 교사의 뜨거운 열정과 다정한 마음을 알게 되겠지요. 이러한 사소한 아이디어로 학부모와 교사는 신뢰 관계를 형성할 수 있습니다.

STEP 2 → 알림장에 편지 내용을 씁니다.

모든 학부모가 아이가 들고 온 문서를 본다고는 할 수 없습니다. 따라서 알림장을 사용해 학부모님께 알릴 수 있도록 합니다.

유의점

받는 이는 개인이 아니라 '여러분'으로 합니다. 여러 가지 사정으로 내용과 부합하지 않는 아이도 있기 마련입니다. 이런 부분은 꼭 배려하도록 합시다.

정리

첫날에 편지를 전함으로써 교사와 아이, 학부모가 상호 신뢰 관계를 형성하는 계기를 만듭시다.

개학식에서 교실로 이동하기
인핸싱 효과

첫날, 강당 등에서 정식으로 담임 교사를 발표합니다. 그다음 담임 교사가 아이들을 교실로 인솔해 가지요. 이때 그냥 가는 게 아니라 칭찬할 소재를 모으면서 교실로 데려갑니다. 교사와의 첫 만남을 최고의 순간으로 만들기 위해 다정한 말을 건네고 칭찬하는 것은 첫날에 아이가 느끼는 불안이나 기대에 답하는 방법입니다.

> **심리 키워드**
>
> **인핸싱**Enhancing **효과**
> 인핸싱 효과란 상대에게 칭찬하는 말을 건네 자발적으로 의욕이 생기게 하는 심리 효과를 가리킵니다. 여기서는 개학식에서의 태도와 신발장을 사용하는 방법, 교과서를 받아 가는 모습 등을 칭찬합니다. 아이가 평소에 당연하게 해 왔던 일을 칭찬하고 가치를 부여함으로써 아이 스스로 의욕이 생기게끔 하는 것이 목표입니다.
>
>

실천 전략 ① 개학식 장소와 복도에서

STEP 1 → 개학식 장소와 복도에서 자신이
맡은 반 아이들을 잘 관찰합니다.

관찰할 점은 주로 다음과 같은 부분입니다.
● 줄을 잘 맞춰 서 있는가
● 잡담을 하지는 않는가
● 얼굴은 앞을 향하고 있는가
● 자세가 바른가

POINT

● 학교에서 마땅히 따라야 할 규칙을 지키는 모습이라도 우선 메모로 남깁니다. 모두는 아니더라도 태도가 좋은 아이가 있기 마련입니다. 이때 아이 명부를 들고 가서 메모합니다. 아이 얼굴과 이름을 미리 외워 두거나 아이가 누구인지 알 수 있는 자료를 가져가기를 권합니다.

STEP 2 → 개학식이 끝났습니다.

아이들이 강당을 빠져나갈 때 복도에서 걷는 모습을 지켜봅니다. 교실에 도착해서 메모한 것을 칭찬합니다. 당연한 일이라도 확실히 칭찬해서 아이의 의욕을 솟게 합니다.

실천 전략 ② 개학식 장소에서 신발장 앞까지

> STEP 1 → 개학식을 마치고 교실로 돌아가기 전에
> 신발장 앞에 모이게 합니다.

 학급 대부분은 개학식 장소(운동장, 강당 등)에서 그대로 교실로 향합니다. 하지만 저는 반드시 아이들을 신발장 앞에 모이게 합니다. 소란스럽다면 조용히 하도록 확실하게 지도합니다. 혼내는 게 아니라 '쉿!' 하는 신호로 알려 줍니다. 이때 아이들은 이미 교사의 지도력과 지도 기준을 보고 있으므로 의연한 태도로 단호하게 지도하는 것이 중요합니다.

> STEP 2 → 신발장 사용법을 칭찬합니다.

 신발장 사용법을 지도하지만 주된 목적은 칭찬입니다. 사용법을 올바르게 지키는 아이를 지목하면서 크게 칭찬합니다. 당연한 일이라고 느껴지더라도 그 자리에서 칭찬합니다. 신발이 신발장 밖으로 튀

어나오거나 신발을 삐뚤게 두는 아이도 있습니다. 그때는 "스스로 사용법이 올바르지 않다고 생각하는 사람은 고칩시다."라고 독려합니다. 그러면 아이들은 다시 정리합니다. 이 시점에서 신발장 사용법을 지도할 수 있고 다시 한번 칭찬할 수도 있습니다. 이렇게 지도하면 신발장은 일 년 내내 깨끗하게 유지됩니다.

실천 전략 ③ → 모두 함께 교과서 옮기기

개학식이 끝나면 곧바로 교과서를 함께 옮깁니다. 강당에서 신발장으로 향한 후에 교과서가 있는 특별활동실로 갑니다. 여기서 처음으로 아이들과 공동 작업이 이루어집니다. 이때도 교사의 학급경영 요소를 집어넣습니다.

예를 들면, 다음과 같습니다.
- **모두가** 교과서를 들게 합니다.
- '고마워'라는 **감사** 표현을 건넵니다.
- 자기가 쓰는 물건은 **스스로** 들고 갑니다.
- **함께** 협력합니다.

이런 자세를 동작과 함께 지도할 수 있는 첫 시간이 바로 교과서를 옮기는 작업입니다. 이 기회를 소중히 활용합시다.

POINT

● 교과서를 옮길 때 아낌없이 감사를 표현합니다.

교사가 "고마워.", "대단해."와 같이 칭찬하는 말을 건네면 아이들은 '이 선생님은 나를 칭찬해 주고 인정해 준다'라고 생각합니다. 긍정적인 말을 들음으로써 아이들은 더 열심히 책을 옮깁니다.

이처럼 다양한 장면에서 구체적으로 칭찬할 소재를 모으고 칭찬함으로써 교실은 친화적인 분위기로 가득 차게 됩니다. 칭찬과 함께 첫날을 시작하는 학급과 그렇지 않은 학급에서는 아이의 의욕과 자기긍정감에서 차이가 나기 마련입니다. 첫 만남은 교실에서가 아니라 교사가 아이들을 관찰하고 칭찬할 점을 찾는 그 순간부터 시작됩니다.

정리

교실에 도착하기 전까지 칭찬할 소재를 모아 교실에서 칭찬합시다.

개학 1일째①
일 년을 결정짓는 교사의 말
초두효과

　개학 첫날에는 교사도 아이도 기분이 좋아서 느슨한 규칙과 기준을 만들곤 합니다. 그때는 우호적인 관계를 만들고 싶을지도 모릅니다. 하지만 한 달, 두 달 시간이 지날수록 규칙과 기준이 모호한 탓인지 아이들 행동이 흐트러집니다.

　그제야 교사는 '이대로는 안 되겠어'라는 생각에 규칙과 기준을 철저하게 재정비합니다. 그러나 그동안 모호한 규칙 속에서 생활하다가 갑자기 엄격한 기준을 맞닥뜨리면 아이들은 '처음에는 아무 말도 없었는데…'라고 생각합니다. 이에 따라 교사를 향한 불만이 생기고 신뢰를 잃게 됩니다.

심리 키워드

초두효과

초두효과란 첫인상이 상대방에게 강하게 남는 심리 효과를 말합니다. 첫날에 아이는 '어떤 선생님일까?' 하고 기대와 불안으로 가슴이 벅차오릅니다. 그렇기에 교사가 이야기하는 말 하나하나에 주목합니다. 즉 교사가 말하는 정보가 아이의 인상과 기억에 강하게 남습니다. 그 효과를 의식해서 중요한 사항은 확실하게 전달하는 것을 목표로 합니다.

실천 전략

STEP 1 → 교실에서 간단한 자기소개를 합니다.

자기소개는 간단하게 합니다. 가정통신문에 실려있는 교사의 짧은 인사말을 간단하게 읊는 정도입니다. 자신의 이름을 퀴즈로 내는 등, 소소한 재미를 느낄 수 있는 시간을 보냅니다.

STEP 2 → '교사가 바라는 학급'에 대해서 이야기합니다.

교사가 '내(교사)가 바라는 학급의 모습'을 아래와 같이 말합니다.

● 첫 번째로, 현명한 학급
'무엇이든 스스로 생각하는 학급' 또는 '상대방의 기분을 헤아릴 수 있는 현명함을 지닌 학급'이 되기를 바란다고 전합니다.

● 두 번째로, 사이가 좋은 학급
한 반에는 다양한 사람이 모여 있습니다. '성격이 잘 맞고 안 맞고의 차이가 있을 수는 있지만, 상대방에게 상처를 주거나 싸우는 일 없이 서로 존중하는 학급이 됐으면 좋겠다'처럼 교사가 바라는 학급에 관해 이야기합니다.

'학급은 아이들이 만들어 나가야 한다'라는 의견이 있을 수 있습니다. 하지만 위와 같은 학급의 모습을 바탕으로 삼아 얼마든지 아이들 스스로 학급을 만들어 나갈 수 있습니다. 그리고 이를 초기에 이야기함으로써 아이들에게 강한 인상을 남길 수 있습니다.

POINT

● 이야기를 시작하기 전에 '자세를 바르게 합시다'라고 한마디 합니다. 아이들에게 학급의 지향점을 확실하게 전하는 것은 매우 중요합니다. 그러기 위해서 자세를 바르게 하자고 말합니다. 자

세를 바르게 하면 기분도 정돈됩니다. 모두의 시선이 제대로 교사를 보고 있다면 또렷한 목소리로 학급의 지향점을 확실하게 전합니다.

STEP 3 → 혼내는 기준을 알려 줍니다.

학교생활을 하면서 아이의 성장을 위해 혼내야만 하는 상황은 반드시 생깁니다. 그때 아무 기준 없이 혼내는 것은 피해야 합니다. 미리 기준을 언급해 두면 아이가 혼이 났을 때 그 이유를 이해할 수 있습니다. 만약 기준이 명확하지 않은 상태에서 혼을 내면 아이는 '그냥 혼이 났다'라고 생각할 수도 있습니다. 그렇게 되면 성장을 돕기는커녕 아이 마음에 상처만 주게 됩니다. 그러므로 혼내는 기준을 미리 명확하게 언급해 두는 것이 매우 중요합니다. 저는 아래와 같이 이야기합니다.

혼내는 기준

● 상대방에게 상처가 될 만한 말이나 행동을 했을 때

학교생활을 하다 보면 타인과 관계를 형성하게 됩니다. 그때 상대방의 기분을 고려하지 않고 상처를 주는 언동을 해서는 안 된다는 것을 알려 줍니다. 상대방을 배려하는 행동의 중요성을 이야기합니다.

● 같은 내용을 여러 번 말해도 고치지 않을 때

어떤 일이라도 실패는 따르기 마련입니다. 하지만 몇 번이나 같은 실패를 반복할 때는 주의하도록 지도합니다. 실패를 통해 배우고 다음에 이를 활용하는 것의 중요성을 이야기합니다.

● 위험한 행동을 했을 때

수학여행과 현장학습 등 다 함께 밖으로 나갈 때가 있습니다. 그때 교통안전 규칙을 지키지 않거나 다른 사람을 위험하게 하는 행위에 대해서 단호한 태도로 주의시킵니다. 평소 생활할 때도 안전에 관련된 행위에 대해서는 단 한 번이더라도 혼을 냅니다.

혼내는 기준은 되도록 가까운 시일에 전달할 필요가 있습니다. 앞서 말했지만 첫 만남에서 전하는 내용일수록 인상이 강하게 남습니다. 이 일을 뒤로 미루면 아이들이 혼란스러워하거나 지도해도 순순히 수긍하지 않는 경우가 생기기도 합니다.

STEP 4 → 여태껏 쌓인 응어리를 풉니다.

어쩌면 어떤 아이는 전년도의 불만을 지금도 껴안고 있을지도 모릅니다. 하지만 새 학년이 된 만큼 새로운 기분으로 임할 수 있도록 지도합시다. 이때 다음과 같은 점을 간단하게 설명합니다.

● 새 학년이 되었으니 새로운 기분으로 시작했으면 좋겠다는 점
● 불만 사항을 꼭 전하고 싶은 사람은 선생님에게 편지로 몰래 전해 줬으면 좋겠다는 점

POINT

● 아이들이 자신의 이야기를 교사에게 전할 때는 편지로 쓰도록 독려합니다.

전년도의 불만을 잊어버리자고 말해도 자기 이야기를 들어주길 바라는 아이도 있습니다. 이런 아이의 마음을 헤아릴 필요도 있습니다. 이러한 배려로 아이는 선생님이 '이야기를 들어준다'라고 생각하고 안심합니다.

정리

첫날임을 의식해 무엇을 이야기할지 고민합시다. 학급경영에서 교사가 중요시하고 싶은 것을 제대로 정리하고, 확실하게 전해지도록 전략을 짜는 것은 매우 중요합니다. 이러한 노력은 아이 한 명 한 명이 안심하고 생활할 수 있는 학급 기반을 만듭니다. 하지만 여기서 끝내면 엄하고 무서운 선생님으로만 느껴질 수 있습니다. 그러니 다음 소개할 내용을 꼭 참조해 주세요.

개학 1일째②
아이스 브레이킹
소마틱 개념

앞 페이지처럼 '교사가 바라는 학급'과 '혼내는 기준'을 아무리 밝고 평온하게 말한다고 해도 즐거운 선생님이라기보다는 어쩐지 엄격하고 까다로운 선생님이라는 인상을 줄 가능성이 있습니다.

아이는 집에 돌아가면 담임 선생님에 대해 이야기합니다. 학부모도 선생님의 인상을 물어보겠지요. 그때 그저 엄격한 선생님이라는 말만 들으면 학부모에게 좋은 인상으로 남지 않습니다. 교사라면 누구나 첫날은 즐겁게 지내고 아이도 학부모도 안심할 수 있도록 만들고 싶은 법입니다.

또한 첫날에는 모두의 마음을 잇는 기반을 만들 필요가 있습니다. 왜냐하면 학급은 모두가 안심하고 즐길 수 있는 공간이어야 하기 때문입니다. 그럼 본 실천법에서는 그 구체적인 방법에 관해 설명하겠습니다.

심리 키워드

소마틱Somatic **개념**

소마틱 개념이란 몸과 마음이 연결되어 있다는 것을 말합니다. 즉 몸을 맞대거나 눈 맞춤을 하는 등 신체접촉을 통해 마음도 가까워질 수 있습니다. 이때 효과적인 것이 아이스 브레이킹 게임입니다. 아이스 브레이킹을 활용해 아이들이 서로에게 마음을 열 수 있게 합니다.

실천 전략

STEP 1 → 아이스 브레이킹 게임을 아이들과 함께 즐깁니다.

아이스 브레이킹 게임은 아이들이 신체 활동을 통해 친해질 수 있는 좋은 방법입니다. 하지만 아이스 브레이킹이라고 해서 다 좋은 것은 아닙니다. 다음 다섯 가지 항목에 유의해서 게임을 선택합니다.

- 신체접촉이 있는 것
- 교실에서 할 수 있는 것

- 한 게임이 단시간에 끝나는 것
- 모두가 참여할 수 있는 것
- 규칙이 간단한 것

특히 신체접촉이 있는 게임으로 고르는 것이 중요합니다. 신체접촉(연결)을 통해 아이들의 마음이 통하게끔 하는 것이 목표입니다. 또한 '일부 아이'가 즐기는 것이 아니라 '모두'가 즐길 수 있는 아이스 브레이킹을 진행합시다.

다음의 세 가지 아이스 브레이킹 게임은 첫날에 하기 좋은 활동입니다. (※ 게임 방법에 관해서는 P35~41에서 자세히 설명합니다.)
① 버섯 눈치 게임
② 손가락 캐치
③ 푸딩 게임

유의점

- 규칙을 제대로 지키게 합니다.

아이스 브레이킹 게임을 할 때 규칙을 무시하는 아이가 있을 수도 있습니다. '처음이니까' 하고 애매하게 대해서는 안 됩니다. 처음이니까 더욱더 규칙의 중요성을 전합니다. 규칙은 개인뿐만 아니라 모두가 즐겁게 놀기 위한 필수 조건이라는 사실을 전합시다.

- 다양한 짝으로 진행하면 더욱 좋습니다.

남녀, 태어난 달, 별자리, 오늘 한 번도 대화해 본 적 없는 사람 등 생각이 나는 대로 최대한 다양한 짝으로 진행하는 것이 중요합니다.

STEP 2 → '사이 좋게 노는 즐거움'을 말로 확실히 전합니다.

아이스 브레이킹 게임을 한 후, 아이들은 '잘 모르겠지만 즐거웠다'라고 느끼는 경우가 있습니다. 하지만 본래의 목적은 게임 그 자체가 아니라 아이스 브레이킹을 통해 마음을 잇는 것, 함께하는 즐거움을 경험하게 하는 것입니다. 따라서 아이스 브레이킹 게임을 한 후 '다 함께 느끼는 즐거움의 가치'를 이야기하는 것이 중요합니다. 전해야 할 주요 내용은 다음과 같습니다.

● 사이 좋은 반은 멋지다는 점
반 아이들이 서로 사이가 나쁘면 좋은 학급을 만들 수 없고 모두가 안심하고 생활할 수 없다는 사실을 전합니다. 반대로 사이가 좋고 서로를 존중하는 학급은 다양한 어려움을 극복해 한층 더 성장한다는 것을 이야기합니다.

● 다 함께 하는 게임은 매우 즐거운 일이라는 점
혼자서는 게임을 할 수 없습니다. 할 수 있다고 해도 모두가 함께 할 때만큼 즐겁지 않습니다. 다 함께 협력하고 감정을 나누다 보면 즐거운 시간이 됩니다. 함께 해야만 경험할 수 있는 기쁨과 즐거움을 전했으면 합니다.

유의점

학급마다 사정이 다르니 억지로 즐겁게 놀 필요는 없습니다. 즐겁게 참여하면 좋은 일이 생긴다는 정도로 이해하고 넘겨도 됩니다.

POINT

● 1학기는 교사가 주도해도 좋으니 즐거운 공간을 만듭니다.

아이스 브레이킹은 원래 아이들이 중심이 돼서 진행하는 법입니다. 하지만 1학기에는 교사가 중심이 되어 진행합니다. 효율적으로 즐거운 공간을 만드는 것을 우선시합니다.

● 남녀 사이가 돈독해지도록 의도합니다.

모두가 사이좋은 반을 만들지 않으면 앞으로 학급을 경영하는 데 지장이 생깁니다. 특히 남녀 사이가 나빠지지 않도록 미리 방지해야만 합니다. 이를 소홀히 하면 한 해가 괴로워집니다. 남녀 사이가 좋지 않은 학급은 1학기 때부터 어떻게 하면 남녀 사이가 돈독해질지 고민할 필요가 있습니다.

● 교사는 아이스 브레이킹 게임의 규칙을 확실히 이해하고 있어야 합니다.

● 교사의 설명이 모호하거나 부정확하면 신뢰도를 떨어뜨리게 됩니다. 사전에 확실하게 확인해 둡시다.

● 목표로 하는 학급의 모습(P10 참조)과 관련지어 말하면 아이들이 잘 수긍할 수 있습니다.

교사가 골똘히 고안한 아이스 브레이킹 게임을 재밌게 즐긴 아이들은 방긋방긋 웃는 얼굴로 귀가할 것입니다.

정리

게임을 통해 마음을 잇고 다 함께 즐거운 시간을 보내는 활동의 가치를 알려 주어 학교가 아이들에게 즐거우면서 안심할 수 있는 장소임을 전합시다.

아이스 브레이킹 게임 ① '버섯 눈치 게임'

대상 학년 : 전 학년
소요 시간 : 약 5분
인원 : 5명~반 전원
목적 : 눈 맞춤 등을 통해 친해지기

규칙 설명

- 모두 자리에서 일어나 의자를 집어넣고 의자 뒤에 웅크립니다.
- "버섯 눈치 게임 시~작!"이라는 교사의 구호에 맞춰 아이들은 순서대로 "버섯 1", "버섯 2", "버섯 3"이라고 말합니다. 숫자를 말할 때는 양손을 머리 위로 손뼉 치듯이 합쳐 버섯 모양을 만듭니다.
- 누군가와 번호가 겹치면 아웃입니다. 아웃된 사람은 감옥(예를 들면 교실 뒤쪽)으로 갑니다.
- 숫자가 겹치면 다시 처음부터 "버섯 1", "버섯 2", "버섯 3"… 하고 시작합니다.
- 전원이 모두 숫자를 외쳤다면 마지막 숫자를 외친 사람이 지게 됩니다. (예를 들어 전체 30명일 경우 30번째)
- 정해둔 횟수(시간) 안에 살아남은 사람이 승리합니다.

POINT

● 장난기가 많은 아이가 활약할 수 있게 만듭니다.
특히 '버섯 눈치 게임'을 하면 장난기 많은 아이가 기세등등하게

"버섯 1!"하고 비교적 앞 숫자를 불러 감옥으로 가곤 합니다. 숫자가 금방 겹치기 때문에 까르르하는 웃음꽃이 피고 분위기가 무르익습니다. 이처럼 앞 숫자를 외치는 아이 덕분에 웃음이 번지고 자연스레 학급 분위기가 포근해집니다.

게임을 반복하는 동안 사람이 줄어들면서 평소에 눈에 띄지 않던 아이들이 남게 됩니다. 이처럼 눈에 띄지 않는 얌전한 아이가 중심이 되는 게임이기도 합니다.

● 상황에 맞춰 규칙을 응용할 수도 있습니다.

원래 규칙상으로는 마지막 숫자를 외치는 사람이 아웃이지만 규칙을 응용해서 전원이 다 일어서면 성공으로 할 수도 있습니다. 그렇게 하면 아이들은 다 함께 눈치를 주고받으면서 게임을 성공시키려고 합니다. 그렇게 주위를 보면서 아이들에게 '협력해야지'라는 인식이 생깁니다. 성공한 사람 수를 늘리고 싶어질 테고 서로 양보하는 분위기가 만들어집니다. 그것은 말이 아니라 몸짓과 감정으로 드러나 "눈으로 신호를 주고받는구나?", "서로 협력하는 모습이 멋지다!"라고 칭찬할 수 있습니다. 칭찬하는 것이 매우 중요합니다. 어떤 방식을 택하든 즐거운 분위기를 만듭시다.

정리

　버섯 눈치 게임으로 분위기를 즐겁게 만들어 반의 유대 관계가 깊어지게끔 합시다.

아이스 브레이킹 게임 ② '손가락 캐치'

대상 학년 : 전 학년

소요 시간 : 약 5분

인원 : 2명

목적 : 손과 손의 접촉을 통해 친해지기

규칙 설명

- 둘씩 짝을 짓습니다. 처음에는 옆자리 친구와 짝을 짓도록 합니다.

- 두 명 모두 오른손으로 고리 모양을 만듭니다. (※교사가 시범을 보여 줍니다.)
- 두 명 모두 왼손 검지를 세웁니다.
- 손가락 모양을 유지한 채 옆자리 친구와 마주 봅니다.
- 선생님이 "다운!"이라고 말하면 검지를 상대방의 고리에 넣습니다.
- "업!"이라고 말하면 검지를 고리에서 뺍니다.
- 다운 후에 검지가 상대방 고리에 들어가 있는 상태에서 선생님이 "캐치!"라고 말하면 오른손 고리를 오므립니다.
- 이때 검지를 붙잡히지 않도록 서둘러 뺍니다.
- 캐치를 당하면 아웃입니다.

POINT

● 속임수를 준비합니다.

아이가 속을 만한 '캐치'와 비슷한 단어를 중간에 넣으면 분위기가 고조됩니다. 예) 캐비지, 캐시, 캐럿, 캣, 캔디, 캐스터 등

● 익숙해지면 짝을 자유롭게 정하게 하거나 남녀 짝꿍을 짓게 합니다.

"자유롭게 돌아다니다가 2인조가 되면 앉아 보자."라고 말해서 다양하게 짝을 지어 진행하게끔 유도합니다.

● 친하지 않은 사람과 어떻게 같은 조가 되게 할 것인지가 중요합니다.

"별로 이야기한 적이 없다고 생각되는 사람과 짝꿍이 되어 보자.", "남녀가 짝이 되어 보자."처럼 지도해서 다양하게 짝을 지을 수 있게 합니다.

원을 이뤄 많은 인원으로도 할 수 있습니다.

아이스 브레이킹 게임 ③ '푸딩 게임'

대상 학년 : 전 학년
소요 시간 : 약 5분
인원 : 2명

규칙 설명
- 책상을 서로 마주 보게 둡니다.
- 두 명이 짝을 이룹니다. 처음은 옆자리끼리 진행해 봅시다.
- 지우개를 준비합니다. 큼직한 지우개를 두 책상 경계에 둡니다.
- 전원 양손을 머리 위에 올립니다.
- '푸딩'이라고 말하면 재빨리 지우개를 집습니다. 반드시 교사의 "푸 푸푸, 푸딩!"이라는 신호를 끝까지 듣고 집어야 합니다.

POINT

- ● '손가락 캐치'와 마찬가지로 헷갈릴 만한 단어를 넣으면 분위기가 고조됩니다. 예) 곰돌이 푸, 프린트, 프리큐어, 플라스틱, 프라모델, 프로펠러, 푸들, 프랑스, 퓨마, 프라이드, 풍선…프로! 등

- ● 다양하게 짝을 지어 진행합니다. 손가락 캐치, 푸딩 게임의 공통점은 신체접촉이 있다는 점입니다. 평소에 손을 잡거나 팔짱을 끼는 등 신체접촉을 하면 저항감 없이 자연스럽게 게임을 할 수 있습니다.

● 이야기 형식으로 말하면 더욱더 분위기가 무르익습니다. 단순히 '푸딩'이라는 단어를 말하는 것이 아니라 짧은 이야기를 만듭니다. 예) '곰돌이 푸'가 가게에 갔는데 선반에 '풍선'이 있었지만 그걸 잡지 않고 '푸딩'을 잡았습니다.

푸딩 게임 중에는 손가락 캐치와 마찬가지로 손을 포개거나 손을 잡는 접촉 행위가 일어납니다. 이러한 게임을 반복하다 보면 '접촉한다'라는 것에 저항감이 줄어들어 교감을 나누는 것이 자연스러워집니다.

정리

푸딩 게임을 통해 언제든 누구와도 교감을 나눌 수 있는 분위기를 만듭시다.

개학 2일째①
새로운 규칙 설명하기
리프레이밍

　새 학년, 아이들은 새로운 환경에 놓여 불안함을 느낍니다. 이런 상황에서 교사가 일방적으로 규칙을 강요하면 아이들과의 관계가 나빠질 수 있습니다. 그렇게 되지 않기 위해서는 '왜 규칙이 바뀌는지'를 철저히 설명하는 게 중요합니다. 이 점을 어떻게 이야기하면 좋을까요?

심리 키워드

리프레이밍reframing

리프레이밍이란 지금까지와는 다른 시각으로 현상을 바라봄으로써 의미를 변화시켜 관점과 생각을 전환하는 것입니다. 아이들은 환경과 교실의 규칙이 바뀌는 것을 부담스러워합니다. 변화에 대응해야 하기 때문입니다. 하지만 변화에 대응하는 것도 배움이라고 가르쳐줍니다. 이처럼 가치를 부여함으로써 부담이 되는 일에 적극적으로 매진할 수 있도록 지도합니다.

실천 전략

STEP 1 → 당번표와 급식 시스템에 관해서는 문서를 배부합니다.

새로운 당번과 급식 등의 시스템에 대해서 흔히 구두로 설명하곤 합니다. 하지만 학력 수준이 낮은 아이는 이해하기 어려울 때도 있습니다. 게다가 구두로 설명하면 내용을 다시 확인할 수가 없습니다. 하지만 문장으로 남겨 두면 언제든지 다시 찾아볼 수 있습니다. 따라서 이러한 내용은 문서로 만들어서 글로 설명하는 게 좋습니다. 문서로 남기면 교사가 내용을 누락하는 일도 방지할 수 있습니다.

STEP 2 → 규칙이 바뀌는 것도 배움 중 하나라고 이야기합니다.

아이는 지금까지 생활한 시스템에 익숙해졌습니다. 따라서 새로운 규칙을 제시하면 저항감을 느끼는 아이도 있습니다. 그러므로 '새 학년이 되었으니 새로운 규칙으로 생활해야 한다'라고 이야기해 줄 필요가 있습니다.

새로운 교실, 학습, 생활이 시작됩니다. 따라서 교실 시스템 자체가 바뀌는 것은 자연스러운 일이며, 이것 또한 배움이라는 것을 전해 적극적으로 이에 매진할 수 있게끔 지도합니다.

STEP 3 → 세세한 부분을 설명하고 역할을 정합니다.

STEP 2에서 잘 이야기했다면 아이는 새로운 환경과 규칙에 관해서도 눈을 반짝이며 듣게 됩니다. 그뿐만 아니라 새로운 것들을 기대하게 됩니다. 이러한 이해를 바탕으로 역할을 정합니다. 그리고 다음에 소개할 내용과 같은 시스템과 방식을 지도합시다.

정리

변화에 적응하는 것 자체가 배움이라는 관점을 이해할 수 있게 지도합시다.

개학 2일째②
당번 지도하기
사회적 태만(프리라이더) 방지

급식 준비와 정리 등을 조용히 순조롭게 진행하는 것은 학급경영에 있어 매우 중요합니다. 하지만 급식 준비와 정리 등으로 소란스러운 학급이나 시간이 오래 걸리는 학급도 있습니다. 이렇게 되면 먹는 시간이 줄어드는 건 물론이고 안정적인 학급이 될 수 없습니다. 그렇다면 어떻게 해야 할까요?

심리 키워드

사회적 태만(프리라이더 free-rider)

집단에 속해 작업을 하면 개인의 생산성이 떨어지는 현상을 사회적 태만(프리라이더)이라고 합니다. 즉, 학급에서 공동작업을 할 때 여기에 포함된 인원이 작업을 방관하는 현상을 말합니다. 예를 들면 급식 준비와 정리를 할 때 몇 명이 게으름을 피우는 현상이지요. 이런 현상을 방지하기 위해서는 언제, 누가, 무엇을 하는지 명확하게 정하는 것이 효과적입니다.

급식 편

실천 전략

빠르고 조용하게 준비와 정리를 진행하기 위해 주의해야 할 점은 아래와 같습니다.

- 언제부터 언제까지 무엇을 하는지 명시합니다.
- 이름을 적은 룰렛으로 누가 무엇을 하는지 한눈에 알 수 있도록 합니다.
- 조마다 한 명이 대표로 배식을 받게 합니다.

STEP 1 → 언제부터 언제까지 무엇을 하는지 명시합니다.

54쪽의 표를 보면 급식당번은 '12시 10분(4교시 종료 시각)에 위생 모자와 위생 가운으로 갈아입고…'라고 되어 있습니다. 또 '12시 20분부터 먹습니다'로 적혀 있습니다. 이처럼 급식을 준비하는 시각과 급식을 먹기 시작하는 시각을 명기합니다. 이렇게 하면 반 아이들 한 명 한 명이 언제부터 언제까지 무엇을 하는지를 이해하고 전원이 정확히 활동할 수 있습니다. 이를 개학 이틀째에 아이들에게 제시하는 게 좋습니다.

POINT

● 다양한 일과에 대처할 수 있도록 지도합니다.

분 단위로 진행할 수 있도록 지시합니다. 단축 일과와 조회 등도 게시합니다. 다양한 상황에서도 아이들이 대처할 수 있도록 꼼꼼하게 적어 두면 아이들이 혼란스러워하지 않고 활동할 수 있습니다.

STEP 2 → 이름을 적은 룰렛으로 누가 무엇을 하는지 한눈에 알 수 있도록 합니다.

전체의 활동을 적은 다음 개개인의 역할을 명확하게 합니다. 이때 유효한 수단으로 룰렛이 있습니다. 룰렛 안쪽에는 반 전원의 이름, 바깥쪽에는 역할(국물, 빵, 면, 밥 등)을 적습니다. 누가 무엇을 하는지 빠

짐없이 적습니다. 이렇게 하면 각자의 역할이 명확해집니다.

STEP 3 → 조마다 한 명이 대표로 배식을 받도록 합니다.

대다수 학교에서는 전원이 줄을 서서 배식받는 뷔페 방식을 적용하고 있습니다. 하지만 그렇게 하면 줄이 길어지고 소란스러워질 뿐 아니라 효율도 크게 떨어집니다. 그리고 무엇보다 먼지가 날려 위생적으로도 좋지 않습니다. 그래서 저는 조마다 한 명이 대표로 배식을 받아 조원들의 급식을 모두 가져다주는 방식을 사용합니다.

POINT

● 한 사람이 다 하기에 약간 많은 정도의 임무를 줍니다.

인원수나 학년에 따라 다르겠지만 고학년이라면 한 사람당 4~5명에게 급식을 가져다주도록 하는 것이 적절합니다. 한 사람당 맡은 임무가 많을수록 아이들은 열심히 움직입니다. 반대로 역할이 너무 가벼우면 게으름을 피웁니다.

● 서로가 서로에게 감사 인사를 하도록 독려합니다.

이런 방식으로 급식을 배식하면, 어떨 때는 내가 친구들을 위해 가져다주지만, 친구들도 나를 위해 가져다주니 서로 같은 입장이라는 관계를 형성할 수 있습니다. 교사는 아이들이 서로서로 감사하는 마음을 가지도록 독려합니다. 그러면 자연스럽게 "자, 여기 있어.", "고마워."라는 대화가 생겨나 친화적인 분위기를 만들 수 있습니다.

● 기다리는 아이는 독서를 합니다.

배식 담당이 아닌 아이들은 솔직히 말해 한가합니다. 그 시간을 활용해 독서를 하거나 조용히 앉아서 공부하게 합니다. 일어나서 걷거나 수다를 떨게 해서는 안 됩니다. 최소한의 예절을 지도하는 것 또한 중요합니다.

유의점

식사 예절을 지키게끔 합니다. 조용히, 바른 자세로 "잘 먹겠습니다." 하고 인사하게 합니다. 도가 지나친 수다 등은 음식에 감사하는 자세로 적절하지 않다고 타이릅니다. 감사할 줄 아는 마음으로 식사하도록 지도합시다.

STEP 4 → 추가 배식 시간을 명시합니다.

아이들은 추가 배식에 민감합니다. 모두가 공평하게 먹는 것이 중요하기 때문에 추가 배식 시간을 반드시 만듭니다.

추가 배식을 받을 수 있는 조건은 다음과 같습니다.

● 받은 음식을 전부 다 먹은 사람

　단, 추가한 음식도 다 먹을 자신이 있는 사람이어야 합니다. 다 먹을 자신이 있다고 말하고 음식을 남긴다면 다음부터는 추가 배식을 받을 수 없다고 말해 둡니다.

● 한 사람당 한 메뉴만

　단, 다른 음식이 남아있고 아무도 추가로 먹지 않을 때는 한 메뉴 이상 추가 배식해도 됩니다.

● 개수가 부족할 때는 공평하게 가위바위보

　이처럼 기준과 규칙을 명확하게 문장으로 정리하는 것이 중요합니다. 준비·정리·식사 등의 과정에서 문제가 있다면 대화를 통해 개선해 나가도록 합시다.

POINT

● 교사의 바람(식사 예절 등), 세세한 기준과 규칙을 무조건 문장으로 적어 둡시다. 이러한 노력을 기울이면 무척 조용하고 빠르게 급식을 준비하고 정리할 수 있게 됩니다. 절도 있는 급식지도를 하겠다는 마음가짐을 가집시다.

당번 편
실천 전략

개학 이틀째에는 원칙적으로 당번을 정합니다. 초기부터 아이들 스스로 꾸려 가는 학급을 만들기 위해서입니다. 다음과 같은 순서로 정합니다.

STEP 1 → 당번 활동의 목적을 이야기합니다.

모든 일이 그렇지만 왜 당번 활동을 진행하는지를 아이들에게 제대로 이야기합니다. 억지로 해야 한다는 인상을 주게 되면 활동이 갖는 의미가 사라집니다. 따라서 진행하는 목적을 제대로 알려 줍니다.

● 당번 활동은 꼭 필요하다는 점
당번 활동은 학급 생활에 꼭 필요합니다. 예를 들어 수업에 필요한 프린트물을 교무실에서 교실로 들고 오는 사람과 재빨리 프린트물을 나누어 주는 사람이 없으면 학급 구성원 모두가 곤란해집니다. 이렇게 당번 활동의 필요성을 이야기합니다.

● 당번 활동은 모두가 힘을 합치는 것을 배우는 기회라는 점
'당번 활동을 선생님이 할지, 모두가 협력해서 할지'를 물어봅니다. "선생님이 모두 도맡아서 한다면 편할 수는 있겠지만 성장할 수는 없어. 아무것도 하지 않아도 되니 배울 기회도 생기지 않아. 물론

모두가 힘을 모아야 하니 버거울 때도 있겠지만 모두가 힘을 합치다 보면 매일 성장할 수 있어."라고 당번 활동을 통해 성장했으면 하는 마음을 정확하게 전합니다.

STEP 2 → 역할을 정합니다.

프린트(P55~57 참조)에 기재되어 있는 활동들을 설명하고 역할을 정합니다. 아이들끼리 정하는 것이 좋지만 새 학기에는 교사가 주도합니다. 학년과 학급 상황에 맞춰 아이들 스스로 진행하게 할지 교사가 진행할지 선택합니다. 당번표를 작성할 때는 다음 포인트를 유의하세요.

POINT

● 당번 내용을 세세하게 프린트에 기술합니다.

학급 전원이 알 수 있도록 내용을 구체적으로 씁니다. 그러면 역할을 잊어버려도 프린트를 보고 알 수 있습니다. "뭘 하는 거였죠?"라고 질문하는 아이에게는 "당번표를 보자." 하고 말해 스스로 해결하도록 지도할 수 있습니다. 사소한 것이지만 문제가 생겼을 때 교사를 의지하지 않고 스스로 해결하는 힘을 기를 수 있습니다.

● 반드시 '1인 1역'을 지킵니다.

모두가 반드시 특정한 역할을 맡습니다. 그러면 역할 의식이 생겨 모두가 학급 활동에서 활약할 수 있습니다. 자연스레 학급은 모두가 함께 운영하는 것이라는 인식을 기를 수 있게 됩니다.

● 당번을 시작하는 시각과 타이밍을 명확하게 정합니다.
이렇게 하면 아이들이 당번 활동을 깜빡하는 일이 눈에 띄게 줄어듭니다. 시각과 타이밍이 정해져 있으면 아이가 깜빡한 사실을 교사도 금방 알아차릴 수 있기 때문에 당번인 아이를 지도할 수 있습니다.

STEP 3 → 이름을 적은 당번표는 곧바로 게시합니다.

당번이 정해지면 쉬는 시간에 당번표를 인쇄해서 그날 바로 게시합니다. 이렇게 하면 정해진 직후부터 당번 활동을 시작할 수 있습니다. 되도록 새 학기 이틀째까지는 정해 두기를 권합니다. 46쪽의 급식 편도 마찬가지지만 되도록 빨리 정함으로써 '학급은 우리 스스로 운영하는 것'이라는 인식을 강하게 남길 수 있습니다.

(예시)

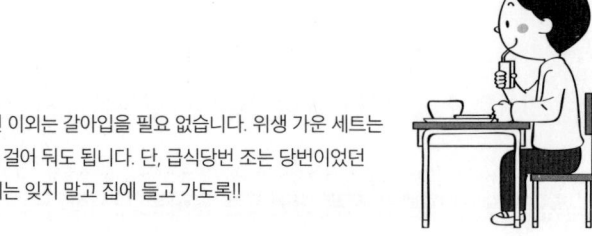

※ 급식당번 이외는 갈아입을 필요 없습니다. 위생 가운 세트는 가방걸이에 걸어 둬도 됩니다. 단, 급식당번 조는 당번이었던 주의 주말에는 잊지 말고 집에 들고 가도록!!

※ "잘 먹겠습니다."라고 말한 후, 아래 두 가지는 직접 해도 됩니다.
● 다 못 먹을 것 같은 반찬은 덜어도 됩니다. 그래도 한 입 이상은 먹어 보도록 합시다.
● 누가 봐도 다른 사람보다 양이 적어 보이는 반찬이 있다면 더 담아도 됩니다.

● "추가 배식할 사람 있나요?"라고 모두에게 물어봅니다.
● 가위바위보로 정합니다.
※ 기본적으로는 한 사람당 한 반찬이지만 반찬이 남아 있다면 하나 이상 반찬을 추가 배식해도 됩니다.
※ 원칙적으로는 다 먹은 사람만 가능하지만 다 먹을 자신이 있는 사람도 추가 배식할 수 있습니다!
※ 디저트와 반찬이 너무 많이 남았을 때는 선생님이 배급할 때도 있습니다.
※ 밥을 다 먹은 사람은 디저트를 먹어도 됩니다.

● 이 시간이 되면 정리할 수 있도록 다 먹읍시다. 아무리 노력해도 다 못 먹었을 경우에는 계속 먹어도 되지만 급식당번을 배려해서 되도록 제시간에 식사를 마치도록 합시다!!

※ 분실물은 없는지 확인합니다.
※ 다 먹은 후 책상을 잘 닦았는지 확인합니다.

1인 1역 당번표 (예시)

담당자	당번명	활동 시간	활동 내용
	유인물 (아침)	8:10까지	교무실에 유인물을 가지러 간다.
	유인물 (하교)	마지막 교시 전	위와 동일. 단, 마지막 수업 후에는 바로 종례가 시작되니 다음과 같이 움직인다. 5교시 수업일 때: 점심시간이 끝나고 6교시 수업일 때: 5교시가 끝나고
	우유 팩 통 준비·정리	급식 시간 중	우유 팩을 정리하기 위해 통을 두 개 준비한다. 통 하나에는 우유 팩을 헹굴 물을 채우고 다른 하나는 빈 상태로 둔다. 그리고 행주 두 장도 준비한다. 급식 시간이 끝나면 이 통도 정리한다. 바닥이 물로 흥건해지지 않도록 두 통 사이가 벌어지지 않게 밀착시킨다. 마지막에 깨끗하게 닦는다.
	우유 팩 옮기기	급식 시간 중	마른 우유 팩을 바구니에 넣고 분리수거함으로 가지고 간다.
	바구니 씻기	수요일, 급식 시간 중	바구니를 수세미로 씻는다.
	날짜·시간표	종례 후	날짜·시간표를 바꾼다.

	룰렛	종례 후	모든 룰렛을 돌린다(청소 담당이 적힌 룰렛은 금요일 종례 후에 돌린다).
	유인물 배부	급식 시간 중, 여유 시간이 생겼을 때	유인물을 나누어 준다.
	게시물·전기	교실에 들어갈 때 교실에서 나올 때	아침에 전기를 모두 켠다. 게시물을 제대로 붙인다.
	도우미	항상	선생님 돕기·해답지 배부·프로젝터 스위치가 꺼져있는지 확인·수업 활동지 배부.
	커튼	종례 후	커튼을 연다.
	숙제·가정학습 조사	아침 자율학습 전	제출한 숙제·가정학습물의 개수를 센다. 노트나 프린트 개수가 맞는지 확인한다.
			숙제를 잊었다면 '숙', 가정학습을 잊었다면 '가'라고 학급명부에 표시한다.
	서포트	항상	다른 당번 서포트. 급식을 배식한다.
보건실 지정	티슈·손수건·건강조사	조례	티슈·손수건·건강조사를 담당한다. 순서는 보건실에서 정한다.

칠판 지우기

1교시 종료		
2교시 종료		
3교시 종료		
4교시 종료		
5교시 종료		
6교시 종료		

※간혹 학교 측 사정으로 수업 시작종이 울리지 않을 때도 있습니다. 그럴 때는 결국 선생님이 지우게 되니 주의해 주세요.

개학 2일째③
다음 수업 준비하기
즉각 확인의 원리

    수업을 원활하게 진행하기 위해 학습 준비를 미리 해야 한다는 인식을 심어 주고 이를 행동으로 옮기게끔 지도합니다. 다음 과목을 준비해야 하는 타이밍은 수업 후 쉬는 시간입니다. 이런 지도를 소홀히 하는 것은 더 좋은 습관을 만들 기회를 빼앗는 것과 마찬가지입니다. 꼭 다음 과목을 미리 준비할 줄 아는 학급으로 성장시킵시다.

심리 키워드

즉각 확인의 원리

즉각 확인의 원리란 어떤 행위를 할 때 곧바로 확인(피드백)하면 무엇이 잘못됐는지 쉽게 알 수 있어서 행동이 개선된다는 원리를 말합니다. 이번에는 다음 과목을 준비한다는 행동을 그 자리에서 바로 확인하게 합니다. 준비하지 않은 아이가 있다면 바로 실행하도록 격려해 개선할 수 있도록 지도합시다.

실천 전략

STEP 1 → 한 교시가 끝나면 바로 다음 과목을 준비하는 루틴을 만듭니다.

수업이 끝나면 당번이 "이것으로 ○교시 수업을 끝냅니다."라고 말합니다. 모두 경례합니다. 그리고 바로 쉬는 시간을 가지는 게 아니라 **"다음은 ○○(과목명)입니다. ○○을 준비합시다."**라고 한마디 덧붙입니다. 이러한 과정을 통해 다음 과목을 준비해야 한다고 모두가 확실히 깨닫게 됩니다.

STEP 2 → 다음 과목 준비가 끝나면 "다 했어요!"라고 말하는 규칙을 만듭니다.

"다음 과목을 준비합시다."라고 당번이 말합니다. 인사가 끝나면 바로 다음 과목을 준비하는데, 준비를 끝낸 아이는 큰 목소리로 "(준비를) 다 했어요!"라고 교사와 친구들에게 말하는 규칙을 만듭니다. 교사는 아이들이 바로 준비했는지 목소리로 확인할 수 있습니다. 수업을 마치고 곧바로 자리에서 일어난 아이가 있더라도 친구들 목소리를 듣고 다음 과목을 준비해야 한다는 것을 깨달을 수 있다는 장점이 있습니다.

STEP 3 → 수업을 시작하기 전에 다시 확인합니다.

5분 쉬는 시간이 끝나고 다음 과목 인사를 합니다. 그때 "준비를 다 한 사람은 손을 듭시다."라고 다시 확인합니다. 또 "준비를 못 한 사람은 손을 듭시다."라고 말해 준비를 못 한 이유를 물어봅니다. 그 자리에서 바로 재확인함으로써 학습 준비라는 습관을 좀 더 쉽게 정착시킬 수 있습니다.

학급에 적절한 긴장감을 주고 규칙을 지키는 것이 얼마나 중요한지 전합니다. 이러한 습관이 자리 잡히면 매시간 진행할 필요는 없습니다. 새 학년으로 올라왔을 때, 개학하고 얼마 지나지 않았을 때, 학급 아이들을 관찰하면서 상황에 따라 진행합시다.

POINT

● 이동 수업일 경우는 그다음 차례 과목을 말합니다.

예를 들어 다음 수업이 체육이고 체육 다음 과목이 사회라고 가정합시다. 체육은 책을 준비할 필요가 없습니다. 따라서 체육 다음 과목인 사회를 준비시킵니다. 이렇게 하면 체육 수업이 끝나고 왔을 때 이미 책상에 다음 과목이 준비된 상태가 됩니다.

● 교과서 배치를 지정합니다.(그림 참조)

다음 과목 준비를 어떻게 해야 할지 모르는 아이도 있습니다. 하지만 꼼꼼하고 구체적으로 정해 두면 누구나 쉽게 이해할 수 있습니다. 따라서 책상 위의 교과서 배치를 제시합니다. 예를 들어 아래 그림과 같이 필기구는 오른쪽 위에, 교과서와 노트는 덮은 채로 왼쪽 위에 두는 배치를 아이들에게 예시로 보여 줍니다.

※ 교과서와 노트를 덮어 두는 이유는 쉬는 시간에 방해가 되기도 하고, 프린트 등으로 수업할 때도 있기 때문입니다. 덮어 둘 때는 교과서(이번 시간에 배울 곳)에 노트를 끼워 두도록 합니다. 이렇게 하면 굳이 펼쳐 두지 않아도 단번에 노트와 교과서를 펼 수 있습니다.

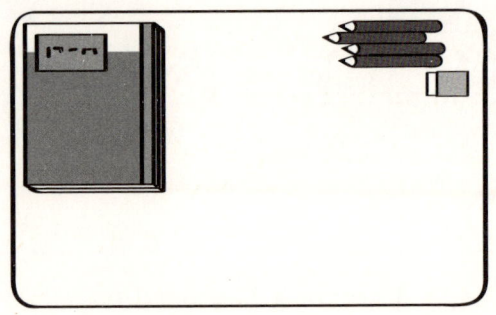

이처럼 다음 과목을 준비해 두면 다음 활동을 의식하는 학급으로 성장할 수 있습니다. 동시에 이러한 활동이 가치가 있다고 이야기하는 것도 중요합니다.

정리

다음 과목을 준비한다는 규칙을 꼼꼼히 정해 학급을 성장시킵시다.

**개학 2일째 ④
수업의 흐름 알려 주기
스키마**

개학 이틀째부터는 수업이 시작됩니다. 저는 신임 교사 시절에 '첫 수업이니 1년 동안의 흐름을 대강 설명하는 정도로 끝내면 되겠지' 하고 안일하게 생각해 교과서를 훑는 정도로 끝냈습니다. 하지만 이래서는 아이들에게 수업을 대충 때운다는 인상을 주게 됩니다. 그래서 막상 본격적으로 수업을 시작하면 아이들이 그 온도 차에 적잖이 당황하게 됩니다. 아이들이 당황하지 않고 쉽게 이해할 수 있도록 첫 수업부터 계획적으로 진행해야 합니다.

심리 키워드

스키마 Schema

스키마란 비슷한 경험을 통해 무의식적으로 형성되는 틀이나 지식을 말합니다. 첫 수업을 평소 수업 흐름과 비슷하게 진행해서 아이들에게 스키마(틀)를 형성합니다. 이 스키마로 아이들은 수업의 흐름을 예상하면서 학습을 효과적으로 할 수 있게 됩니다.

실천 전략

첫 수업은 특히나 평소 수업처럼 진행합니다. 각 교과에는 저마다의 수업 진행 방식이 있습니다. 토론이나 계산 연습, 노트 정리를 시키기도 하지요. 과목마다 첫 수업은 평소 수업과 같은 '흐름'으로 진행합니다. 과목마다 설명도 보태면서 수업을 진행합니다. 예를 들어 국어라면 토론의 규칙을 지도합니다. 산수라면 노트 필기법을 세세하게 지도합니다.

첫 수업에서 수업의 흐름을 가르치면 다음 날부터 아이들 머릿속에 수업의 형태가 형성됩니다. 항상 비슷한 형태로 수업을 진행하면 아이가 흐름을 예측할 수 있기 때문에 더 쉽게 이해하게 됩니다. 예를 들어 국어라면 날짜 확인, 교과서 페이지 확인, 과제 확인, 스스로 해 보는 활동, 그룹 토론 활동, 정리라는 일련의 흐름을 원칙으로 제시합니다. 이렇게 예측할 수 있는 수업을 전개하면 아이들이 안심하고 참여할 수 있습니다. 따라서 초기에 과목을 어떻게 진행하는지 그 형태를 알려 줄 필요가 있습니다.

POINT

● 수업의 흐름은 구두가 아니라 실제로 진행하면서 알려 줍니다.

날짜를 적는 위치부터 토론 방식까지 직접 진행하면서 알려 줍니다. 구두로만 하면 이해하기 어렵습니다. 시간이 걸려도 수업을 진행하면서 천천히 알려 주면 좀 더 쉽게 이해할 수 있습니다.

● 수업도 학급경영의 일환이라는 의식을 가지고 진행합니다.

학교생활 대부분이 수업으로 이루어지는 만큼, 수업으로 학급경영을 한다는 의식을 가져야 합니다. 모호한 수업 규칙은 모호한 학급을 만들고 맙니다. 따라서 상세하게 정한 규칙을 제시할 필요가 있습니다.

정리

먼저 과목별 수업의 흐름을 보여 준 뒤, 비슷한 흐름으로 수업하며 이를 학급경영으로 연결해 나갑시다.

**개학 2일째⑤
친밀감 쌓기
소마틱 개념**

 새 학년 새 학기는 매우 바쁩니다. 새로운 학급 규칙, 급식과 당번 지도 등 해야 할 일이 잔뜩 있습니다. 게다가 교사도 쉬는 시간에 해야 할 업무가 있다 보니 반 아이들과 유대감을 쌓는 일을 등한시하기 쉽습니다. 하지만 개학 초기에 의도적으로라도 아이들끼리, 또는 교사와 아이들 간의 친밀감을 높일 필요가 있습니다. 그럼 교사는 어떻게 쉬는 시간을 활용하면 좋을까요?

심리 키워드

소마틱 Somatic **개념**

소마틱 개념이란 몸과 마음이 연결되어 있다는 개념입니다. 즉 몸의 접촉과 눈 맞춤 등 몸의 연결을 통해 마음도 연결할 수 있죠. 이번에는 아이스 브레이킹과 같은 짧은 게임이 아니라 쉬는 시간 등을 활용해 다이내믹하게 놀면서 아이들끼리 좀 더 친밀한 관계를 맺도록 합니다.

실천 전략

쉬는 시간이나 점심시간, 둘 다 상관없습니다. 모두 모여 놀아 봅시다. 32쪽에도 적었지만, 첫날에는 아이들에게 사이좋게 지내야 하는 중요성에 대해 언급하고 아이스 브레이킹 게임을 통해 더 깊이 이해하는 시간을 가집니다. 이틀째에는 좀 더 긴 시간, 넓은 장소를 사용해서 모두 다 함께 노는 즐거움을 느낄 수 있도록 해야 합니다. 그 절호의 기회가 바로 쉬는 시간에 함께 하는 놀이입니다. 다만 강제로 하는 것이 아니라 아이들의 의사를 확실하게 물어봅니다.

> 교사의 말

"우리 다 함께 놀면서 사이를 돈독하게 만들어 볼까? 아니면 하지 말까?" 이처럼 질문을 던집니다. '교사가 바라는 학급의 모습'을 첫날에 이야기했기 때문에 대부분 수긍합니다.

이때 하는 게임은 술래잡기, 얼음땡, 무궁화 꽃이 피었습니다 등 모두 다 함께 놀 수 있는 고전 놀이가 좋습니다.

적절한 게임의 조건은 다음과 같습니다.
- 물건을 최대한 사용하지 않는 것
- 규칙이 간단한 것
- 신체접촉이 있는 것

이와 같은 조건에 부합하는 놀이를 하며 사이좋게 지낸다는 말의 의미를 운동(몸)으로 이해해 서로의 마음을 연결하는 것이 중요합니다. 특히 고학년이 되면 남녀를 의식해서 손을 잡기 싫다고 말하는 아이가 생깁니다. 하지만 이러한 놀이를 하다 보면 당연하다는 듯이 팔짱을 끼거나 손을 잡는 학급이 됩니다. 남녀 사이가 돈독해지고 협력한다는 기반이 형성되면 남녀 차이를 활용해 다양한 과제를 해결할 수 있는 듬직한 학급으로 성장합니다.

정리

쉬는 시간에 다 같이 노는 것이 부끄럽다는 생각을 버리고 함께 노는 즐거움을 실감하게 만듭니다.

개학 2일째⑥
교과 리더 정하기
자기유용감

여태껏 저는 수업에 필요한 건 모두 스스로 준비했습니다. 예를 들어 서예라면 한지, 먹, 신문지, 쓰레기봉투, 연습용 워크시트(따라 그리기, 윤곽선 그리기…) 등등. 땀을 흘리며 준비했던 시절이 떠오릅니다. 하지만 이런 것들은 아이가 준비해도 됩니다. 오히려 해야만 합니다. 자신의 학습은 스스로 준비하는 것이라고 인식하게 만드는 것 또한 중요합니다.

심리 키워드

자기유용감

자기유용감이란 '자신의 존재가 주위 사람에게 도움이 된다', 즉 공헌하고 있다고 인식할 때 느끼는 감각을 말합니다. 이 실천법을 통해 매일 이루어지는 수업 준비를 아이들이 맡아 학급에 공헌하고 있음을 실감하게 만들어 자기유용감을 키우는 게 목적입니다.

실천 전략

교과 리더 조를 조직합니다. 교과 리더 조란 담당하는 교과 준비, 정리 등을 진행하는 조직입니다. 예를 들어 서예 준비, 정리 등을 합니다.

POINT

교과 리더 조를 조직하는 포인트

● 아이가 할 수 있는 선에서 준비·정리 항목을 정합니다.

전체를 다 맡겨서는 안 됩니다. 예를 들어 과학 과목에서 필요한 약품 등은 절대로 준비시키면 안 됩니다. 안전에 유의하면서 진행하는 것이 중요합니다.

● 교사가 생각해 낼 수 있는 최대한의 업무 내용을 명기합니다.
아이들은 무엇을 해야 하는지 꼼꼼하게 적힌 내용을 보면서 열심히 활동합니다.

● 전원이 참가할 수 있도록 인원수를 조절합니다.
되도록 모두가 학급을 위한 각자의 역할이 있고, 학급을 위해 일하고 있다고 느끼게끔 하는 것이 중요합니다.

교과 리더 조를 통해 저희 학급에서는 대부분의 수업 준비를 아이들이 하고 있습니다. 수업 준비부터 학습 목표(수업 태도에 관해), 복습, 시간표 등도 아이들이 준비합니다.

쉬는 시간에는 칠판에 학습 목표와 시간표를 적습니다. 청소 시간이 되면 리더가 "이제 청소 시간입니다. 정리와 청소를 합시다."라고 말해 알아서 스스로 청소합니다. 그동안 저는 아이들의 모습을 천천히 관찰하고 멋진 행동을 한 아이들을 칭찬합니다.

이전까지는 제가 모든 준비를 도맡아 했습니다. 그렇다 보니 늘 마음에 여유가 없었습니다. 때로는 시간에 맞춰 움직이지 않는 아이에게 짜증이 날 때도 있었지요. 하지만 아이들에게 수업을 준비시켜 활약할 수 있는 무대를 제공했더니 오히려 잘한 점을 찾아 칭찬할 수 있게 됐습니다. 아이들도 학급을 위해 자신이 활약하는 모습을 자각하기 시작했습니다.

이전에는 아이들에게 짜증 같은 부정적인 에너지가 전해질 때도 있었는데 이 전략을 실천한 이후로는 칭찬이라는 긍정적인 에너지를 전하고 있습니다. 학급의 상태를 좌우하는 아주 큰 변화입니다.

POINT

● 3월, 4월에 확실히 지도합니다.

학급경영, 첫 수업, 무엇이든 처음이 중요합니다. 처음에 제대로 지도하지 않으면 효과는 격감합니다. 꼼꼼히 지도합시다.

● 자주성을 가장 중요하게 여깁니다.

해야 할 일을 확실하게 지도하지만, 할지 말지는 아이들 스스로 결정한다는 태도로 진행합니다. 아이들 대부분은 "저희가 할게요!"라고 말합니다. 유연하게 그 방향으로 학급을 인도합시다.

● 수업 시간을 잡아먹지 않게 합니다.

아이가 칠판에 학습 목표를 적다 보면 처음에는 시간이 오래 걸리거나 정체되기도 합니다. 그렇게 되면 수업 시간을 잡아먹을지도 모릅니다. 하지만 수업 시간을 지키는 것은 매우 중요합니다. 따라서 이런 경우에는 다음과 같은 조치를 취합니다.

① "쉬는 시간 5분 안에 할 수 있겠니?" 하고 물어보고 여러 아이디어를 낼 수 있게끔 격려합니다. 단, 쉬는 시간을 사용하라고 강요하

는 것이 아니라 어디까지나 자주적으로 행동하도록 만드는 것이 중요합니다. 아이들은 쉬는 시간을 빼앗기면 정말 싫어합니다. 하지만 자기들 수업은 스스로 준비해야 한다는 것과 반을 위해서 일하는 소중함을 느끼게 되면 자연스레 쉬는 시간을 활용해서 적게 됩니다.

② 시간이 오래 걸리면 적는 도중이라도 멈추게 합니다. 다음번에 더 잘할 수 있도록 격려하고 시간 엄수의 중요성을 인지하게 합니다.

정리

수업 준비와 정리, 진행을 맡겨 아이의 자기유용감을 키웁시다.

교과 리더 (예시)

[서예 리더 조]
5명
- 쓰레기봉투 준비
- 연습용 용지 준비
- 깨끗하게 다시 쓰는 한지 준비
- 깨끗하게 다시 쓰는 신문지 준비
- 정리 지시
- 청소 지시
- 연습 시간과 청소 시간 칠판에 적기
- 학습 목표 발표
- 복습
- 작품 게시

[과학 리더 조]
5명
- 실험 도구 준비
- 과학실 체크
- 정리 지시
- 학습 목표 발표
- 복습

[미술 리더 조]
4명
- 칠판에 시간표 쓰기
- 재료 준비
- 작품 주제 발표
- 정리 지시

[가정 리더 조]
4명
- 천 배부, 회수, 관리
- 바느질 준비 돕기
- 요리 준비

[체육 리더 조]
3명
- 공 준비
- 소요 시간 확인
- 활동 장소 공지

체육관을 사용할 경우 → 다른 반과 겹칠 때가 있습니다. 겹치지 않도록 교사가 사전에 제대로 조정합시다.

반에서 실내 레크레이션을 하는 경우 → 특별히 조정 필요 없음.

조례 시간에 알립니다. 물론, 일정상 진행하지 못할 때도 있습니다. 그럴 때는 다른 날에 다시 진행합시다.

조건: 모두가 즐기면서 참가할 수 있도록 아이디어를 고민할 것. 다 함께 즐긴다는 마음으로 적극적으로 임하게 할 것.

학급 목표 정하기
자기결정감

　학급 목표는 일 년 동안 학급의 지표가 됩니다. 되돌아보기도 하고 때로는 분발하기 위해 꼭 필요한 부분입니다. 물론 시간적, 물리적으로 어렵다면 교사가 미리 정해 둔 학급 목표 후보를 아이들에게 보여 줘 결정하게 할 수도 있습니다. 하지만 저는 아이들이 직접 생각하고 정하는 것이 가장 좋다고 생각합니다.

심리 키워드

자기결정감

자기결정감이란 아이들끼리 스스로 결정한 것은 열심히 지키려고 하는 심리 작용을 말합니다. 학급 목표를 정해 놓기만 하고 그 후로는 전혀 신경을 안 쓰는 학급이 된다면 아무런 의미가 없습니다. 하지만 아이들은 스스로 정한 것은 지키려고 노력합니다. 따라서 아이들 스스로 학급 목표를 결정하게 한 뒤, 다 함께 목표를 향해 행동하도록 지도합시다.

실천 전략

STEP 1 → 학급 위원에게 "우리 반 학급 목표를 정하는 건 어떨까?" 하고 물어봅니다.

원래는 아이들이 "학급 목표는 안 정하나요?" 하고 물어봐 주는 게 가장 좋습니다. 하지만 아이들이 스스로 나서서 "학급 목표를 정하자."라고 말하는 학급은 거의 없습니다. 따라서 1학기가 시작된 지

얼마 안 됐을 때 학급 대표 위원(2명)을 조직해 둡니다. 이 아이들에게 "학급 목표는 정했어?" 하고 살짝 떠봅니다.

POINT

● 아이들이 주도하게 합니다.

학급은 아이들 스스로 만들어 나가는 것이라는 인식을 만들기 위해서라도 교사가 반 아이들 전체에게 제안하는 형식은 되도록 피합니다. 학급 대표 위원인 아이에게 말을 걸고 그 아이가 모두를 설득하도록 합니다.

● 바람직한 모습을 알려 줍니다.

학급 대표 위원인 아이에게는 "원래는 반 아이들이 먼저 얘기해 주는 게 좋아."라고 바람직한 모습을 알려 줍니다.

● 기본적으로 3월 안에 정합니다.

학급 목표는 학급이 나아갈 목표와 지침이 됩니다. 되도록 학기 초에 결정해 아이들이 학급을 어떻게 이끌어 나가고 싶은지 생각하게끔 합니다.

> **STEP 2 →** 반 아이들과 이야기하기 전에 어떤 형식으로 진행할지 함께 의논합니다.

사회 진행표의 빈칸을 아이에게 적게 합니다. 다만 처음 접하는 아이도 많겠지요. 그럴 때는 교사가 조언하면서 함께 채워 나가는 것도 좋습니다(자세한 내용은 P100~105에 적겠습니다).

예를 들어 의제, 제안 이유, 의논할 내용①, ②를 다음과 같이 생각합니다.
- 의제 : 학급 목표 정하기
- 제안 이유 : 마음을 하나로 모아 더 좋은 학급을 만들기 위해
- 의논할 내용① : 어떤 학급으로 만들고 싶은지 정하기
- 의논할 내용② : 학급 목표 정하기

STEP 3 → 반 아이들끼리 실제로 이야기를 나눕니다.

반 대표가 중심이 되어 이야기를 진행합니다. '의제, 제안 이유, 의논할 내용①, 의논할 내용②'를 칠판에 씁니다. 그리고 사회자의 여는 말을 시작으로 이야기를 진행합니다. 다만 잘 진행되지 않을 때는 교사가 개입해야 합니다. 필요에 따라 개입하는 것 또한 중요합니다. 좋은 의견이 나오지 않을 때도 있으니까요.

교사의 말

그럴 때는 교사가 먼저, "다시 한번 생각해 보자. 좀 더 생각해 보면 좋은 생각이 떠오를 거야."라고 조언합니다. "어떤 반이 좋은 반이라고 생각하니?"와 같은 질문을 반복해 아이들이 가장 바람직한 학급의 모습을 떠올릴 수 있게끔 유도합니다.

STEP 4 → 어떤 학급을 만들고 싶은지를 정합니다.

아이들은 바람직한 학급의 모습에 대해 다양한 의견을 말합니다. 곧바로 하나를 정할 수 없겠지요. 그도 그럴 것이 모두 훌륭하니까요. 따라서 베스트 3를 정하도록 조언해서 세 가지 후보를 고르며 의논하도록 합니다.

STEP 5 → 학급 목표 정하기는 다음 날로 미룹니다.

지향하는 학급의 모습(의논할 내용①)이 정해지면 다음은 학급 목표(의논할 내용②)를 이야기합니다. 학급 목표는 의논할 내용①에서 생각한 학급으로 만들기 위한 표어입니다. 몇 가지 학급 목표가 나오겠지요. 하지만 대부분 누구나 떠올릴 수 있는 문구입니다. 왜냐하면 1시간이라는 비교적 짧은 시간 동안 생각했기 때문입니다. 단시간 내에 훌륭한 문구를 기대하기 어렵습니다. 따라서 다음 시간(다음 날)에 다시 학급 목표만 고민하는 시간을 가지기로 합니다.

STEP 6 → 샘플 슬로건을 준비합니다.

교사는 아이들이 다음 날까지 참고할 만한 슬로건을 미리 조사한 후, 멋진 슬로건을 인쇄해 모두에게 배부합니다. 이러한 샘플을 참고하면서 결정하게 합니다. 매년 슬로건을 모아 두면 유용합니다.

POINT

- 교사가 학급 목표를 정하는 일에 진지하게 임하면서 학급의 한 해를 결정짓는 중요한 요소가 바로 학급 목표라는 의지를 보여주는 것이 중요합니다. 아이들은 그런 교사의 자세를 마음으로 느끼고 열심히 만들어 옵니다.

- 길어도 이틀(총 2시간) 안에 끝내도록 합시다. 너무 길어지면 긴장이 풀립니다. 따라서 총 2시간 안에 끝낼 수 있도록 합시다. 너무 집착해서 시간이 길어져도 안 됩니다. 아이들의 입장에서 시간을 정하고 진행하도록 합시다.

정리

아이들과 함께 심혈을 기울여 학급 목표를 만듭시다.

새 학년 새 학기 12

아이들의 언어에 주목하기
메타인지

　아이가 사용하는 언어에 주목하는 것은 매우 중요합니다. 사람은 언어를 통해 사고합니다. 언어가 흐트러지면 사고도 흐트러지고, 흐트러진 사고는 교실의 갈등으로 이어집니다. 즉, 교실에서 생기는 갈등 대부분은 '흐트러진 언어' 때문에 발생한다고 볼 수 있습니다. 언어의 중요성에 주의하지 않으면 다툼이 많이 생기고, 집단따돌림이 만연한 학급이 되고 맙니다. 역으로 생각하면 언어에 세심한 주의를 기울이면 많은 문제를 예방하고 해결할 수 있습니다. 그럼 어떻게 주의를 기울이고 아이에게 말을 걸면 좋을까요?

심리 키워드

메타인지

메타인지란 자신을 객관적으로 보는 것입니다. 아이들은 기본적으로 자기중심적으로 생각하기 쉽습니다. 자기중심적인 사고방식은 상대방에 대한 이해심과 배려심 없는 행동을 하게 만듭니다. 따라서 자신을 객관적으로 보게끔 지도할 필요가 있습니다. 특히 본인이 하는 말이 상대방에게 어떻게 전해지는지를 의식할 수 있도록 지도해서 적절한 커뮤니케이션 방식을 학습하게 합시다.

실천 전략

아이들이 하는 말에 세심한 주의를 기울입니다. 첫날에 얘기한 '혼내는 기준' 중 하나인, 상대방에게 상처가 될 만한 말을 하지는 않는지 교사가 주의 깊게 관찰해야 합니다. 이렇게 교사가 주의를 기울이면 대부분 언어가 개선됩니다.

하지만 때로는 모호한 말도 있습니다. 내용 자체에 문제는 없지만, 말투가 과격하다거나 이야기 흐름에 따라 상처가 될 법한 말을 할 때 등입니다. **모호하게 언어를 사용할 때는 모호하다는 점을 그대로 전합니다.** 교사가 솔직하게 "선생님은 ○○(이)가 지금 한 말이 모호하다고 생각해."라고 말하면 됩니다. "잘못한 건 아니지만 어쩌면 상대방에게 불쾌한 말이 될 수도 있어." 하고 덧붙입니다. 이렇게 하면 아이는 언어를 의식하게 됩니다. 그리고 교사라는 어른의 관점에서 어떻게 들릴지 생각하고 객관적인 관점으로 말을 고르게 됩니다.

POINT

● 쉬는 시간, 청소 시간 등 아이들이 자유로워지는 시간일수록 주의가 필요합니다.

● 교사의 지도에 수긍하지 않을 때는 첫날에 말한 '혼내는 기준(P26)'을 상기시킵니다. 그러면 아이도 교사의 지도에 수긍합니다.

● 장난이라는 명목으로 친구를 밀거나 당기는 행동에도 주의해야 합니다. '어른'처럼 행동하게 지도합니다. 자신이 어른이라고 생각했을 때 지금 하는 행동이 적절한지 생각해 보도록 만드는 것이 중요합니다.

정리

객관적인 시점으로 자신을 바라보게끔 지도합시다. 이렇게 지도하면 자신을 객관적으로 바라보는 언행을 하게 되며, 자신의 감정을 여과 없이 표현하거나 행동하는 아이가 줄어들게 됩니다. 그러면 자연스레 아이들이 안심할 수 있고 안전한 학급 분위기가 형성됩니다.

13 바르게 듣는 자세 지도하기
침묵 테크닉

   제가 학급경영을 할 때 언어 다음으로 신경 쓰는 것이 '듣는 자세'입니다. '뭐야, 겨우 그런 걸?' 하고 생각할지도 모르겠네요. 하지만 이 점은 다양한 교육활동의 기초적이고 기본적인 내용입니다. '자세'라고 하면 엄청 간단해 보이지만 사실 꽤 어렵습니다. 교사의 이야기, 친구의 이야기를 듣지 않으면 어떤 활동도 할 수 없습니다. 학급 자치 활동도 할 수 없지요. 서로 이야기를 들어주지 않으면 자주적으로 활동하는 집단이 될 수 없기 때문입니다.

심리 키워드

침묵 테크닉

침묵 테크닉이란 침묵함으로써 긴장과 불쾌감을 줘서 상대방의 행동을 바꾸는 스킬을 말합니다. 보통은 상대방의 행동을 바꾸고 싶을 때 말을 하거나 행동하는 것을 떠올릴 테지요. 하지만 침묵을 유지하는 것도 지도 기술의 한 방법입니다. 침묵하는 테크닉으로 아이를 효과적으로 변화시키는 방법을 생각해 봅시다.

실천 전략

STEP 1 → 듣는 자세의 중요성을 이야기합니다.

가장 먼저 바른 자세의 중요성을 아이들에게 설명합니다. 바른 자세를 유지하면 말하는 사람이 이야기하기 편하다는 것과 대화가 원활히 진행된다는 것을 알려 줍니다.

STEP 2 → 교사는 모두가 바른 자세로 고쳐 앉을 때까지 기다립니다.

저는 평소 아이를 칭찬하거나 지도할 때 '아이가 자세를 바르게 할 때까지 말하지 않는다'라는 원칙을 지킵니다. 손장난하거나 물건을 쥐고 있거나 무릎 위에 손을 올리고 있는 상태에서는 말하지 않습니다. 이러한 교사의 태도를 보고 아이는 '이야기를 들을 자세가 안 되어 있으면 선생님은 말하지 않는다'라고 깨닫게 됩니다.

STEP 3 → 아이에게도 침묵 테크닉을 활용하게 합니다.

이 테크닉은 교사만 활용하는 게 아닙니다. 아이에게도 침묵 테크닉을 활용하게 합니다. 즉, 구령할 때 자세를 바르게 했는지 확인한 후에 말하도록 지도합니다. 모두가 자기 쪽을 보는 자세가 되면 말한다는 규칙을 3월부터 지도합니다.

아이들끼리 "○○야, 자세 바르게 해."라고 말하는 실천법을 흔히들 사용하지만 저는 사용하지 않습니다. 왜냐하면 아이들 간의 관계가 나빠지기 때문입니다. 한 명의 아이가 서른 명의 아이에 대해 공평하게 주의시키는 것은 어렵습니다. 주의받은 아이는 '왜 나만 갖고 그래'라고 생각할 수도 있습니다. 이렇게 하다 보면 불공평하다는 감정이 쌓입니다.

POINT

● 자세라는 형태만 지키게 하지 말고 왜 중요한지를 제대로 알려줍니다. 자세를 바르게 하는 것은 상대방을 향한 배려라는 사실도 함께 전달합시다.

정리

기다린다는 것을 의식하면서 듣는 자세를 기릅시다.

여름 방학 후 등교 첫날 지도 ①
초두효과

여름 방학이 끝나고 2학기의 첫날도 1학기 때처럼 전략적으로 실천해야 합니다. 아이들은 오랜 기간 학교에 오지 않았습니다. 교사는 아이들이 2학기에도 알찬 시간을 보낼 수 있도록 전략을 다듬어야 합니다. 물론 1학기에는 1학기의 전략을, 2학기에는 2학기의 전략을 짜야 합니다.

심리 키워드

초두효과
초두효과란 첫 인상이 상대에게 강하게 남는 것을 말합니다. 긴 방학이 끝난 첫날, '2학기란 무엇인지' 정확하게 설명하면 효과적으로 아이에게 '2학기를 보내는 법'을 생각하게끔 지도할 수 있습니다.

실천 전략

> **STEP 1 →** '2학기는 1학기 동안 얼마나 성장했는지 보여 주는 학기' 라고 말합니다.

우선 개학식 전에 교실에 들어갑니다. 개학식까지 몇 분 정도의 짧은 시간이 남아있습니다. 그때 **'2학기는 1학기 동안 얼마나 성장했는지 보여 주는 학기'**라고 아이들에게 말합니다. 아이들 중에는 아무 생각 없이 개학식을 맞이하는 아이도 있습니다. 이런 이야기를 함으로써 2학기를 어떻게 보낼지 생각하는 계기를 만들거나 '2학기도 힘내야지' 하고 의욕을 환기할 수도 있습니다. 첫날에 이야기하면 그 효과는 높아집니다.

또한 학급 상황에 따라 학급 목표를 되새기면 효과적입니다. 학급 목표를 척도로 삼아 '지금까지의 모습'과 '앞으로 지낼 방식'에 대해 생각하게 합니다.

> **STEP 2 →** 성장한 모습을 바로 보여 줄 기회가 개학식임을 전합니다.

교사의 말

"여러분이 성장한 모습을 보여 줄 장소가 준비되어 있어. 그게 어디일까?" 하고 물어봅니다. 대부분은 대답하지 못합니다. '첫날에 해야만 하는 일이 있나?' 하고 이상하게 생각할 테지요. 그때 교사가 "정답은 개학식이야. 개학식에 임하는 자세로 여러분이 얼마나 성장했는지 보여 줄 거야." 하고 알려 줍니다.

① 개학식에는 여러 선생님, 학교생활을 도와주는 직원분들, 행정실 사람들 등 많은 사람이 지켜본다는 것.
    ② 자세란 언어를 사용하지 않고도 모두에게 자신의 성장을 보여 줄 수 있어 매우 편리하다는 것.

    위와 같은 두 가지를 이야기합니다. 이렇게 지도함으로써 그저 참가하는 '수동적인 개학식'에서 성장한 모습을 보여 주겠다는 의지로 가득 찬 '능동적인 개학식'으로 바뀝니다.

> **STEP 3 → 복도에 조용히 줄을 설 수 있는지 시켜 보고 다시 줄을 서게 지도합니다.**

    개학식 장소인 강당으로 향하기 전, 복도에 줄을 서게 합니다. 이때 "조용히 줄을 섭시다."라고 말하지 않습니다. 아무 말도 하지 않아도 줄을 잘 설 수 있는지 확인합니다.
    아이들은 아마 신나게 떠들면서 줄을 서겠지요. 이래서는 안 됩니다. 교사는 '2학기는 성장을 보여 주는 기간'이라고 말했습니다. 아이는 머릿속으로는 2학기의 중요성을 알고 있어도 실천하기란 쉽지 않습니다. 또한 말로만 해서는 잘 전해지지 않는 아이도 있습니다.

> **교사의 말**

    이럴 때는 곧바로 "다시 교실로 들어가." 하고 교실에 들어가게 한 뒤, 다시 복도로 나와 줄을 서게 합니다. 물론 첫 시도에 제대로 조용히 줄을 서는 학급도 있습니다. 하지만 기본적으로 다시 줄을 서게 합니다. 좀 더 높은 레벨로 성장시킬 필요가 있기 때문입니다.

STEP 4 → 복도에서 다시 교실로 들어가게 한 후 확인합니다.

복도에서 다시 교실로 들어가게 하면 교실은 정적으로 가득 차게 되겠지요. 그 정적 속에서 한 명 한 명에게 '아까 말한 것을 잘 지켰는지' 확인합니다.

STEP 5 → 다시 줄을 서게 하고 아이들을 칭찬합니다.

다시 줄을 세운 후에는 꼭 칭찬합니다. 완벽하게 지키지 않았더라도 칭찬합니다. "아까보다 훨씬 더 좋아졌네." 등의 말을 하면서 전 모습과 비교해서 더 좋아졌다는 것을 짚어 줍니다.

유의점
이때 다시 줄을 세웠지만 완벽하게 지켜지지 않았다고 해서 또다시 줄을 세우지는 맙시다. 2학기 첫날부터 몇 번이나 꾸중을 들으면 아이들은 주눅이 듭니다. 어디까지나 아이가 앞으로 의식할 수 있도록 지도하는 것이 목적입니다.

STEP 6 → 개학식에 임하는 아이들의 모습을 지켜봅니다.

아이들이 열심히 개학식에 임하는 모습을 확실히 지켜봅니다.

체크 포인트

① 복도 보행: 시선이 앞을 향하는가. 줄을 잘 지키고 서 있는가. 떠들지는 않는가.
② 개학식 중 자세: 자세를 바르게 유지하고 있는가. 눈으로 이야기를 나누는 아이는 없는가.

위와 같은 부분을 확인하면서 지켜봅니다.

STEP 7 → 개학식이 끝나면 교실에서 칭찬합니다.

"바른 자세로 이야기를 듣는 사람이 많았어."라고 칭찬합니다. 처음에 이야기해 뒀기 때문에 아이는 무엇이 좋았는지, 왜 좋았는지를 쉽게 이해합니다. 그리고 교사의 칭찬으로 더욱더 의욕이 생깁니다.

1학기 지도와 다른 점은 성장한 모습을 보여 주는 시기라고 알려 주면서 칭찬하는 것입니다. 그 결과, 2학기를 좀 더 활기차게 시작할 수 있습니다. 첫날을 이렇게 시작함으로써 이틀째부터는 아이들이 훨씬 활달해집니다.

POINT

저는 1학기와 마찬가지로 수업을 시작하기 전에 신발장을 점검합니다. 신발장 상태를 통해 1학기에 지도한 내용이 잘 지켜지고 있는지 확인합니다. 신발장 같은 사소한 부분에서 학급의 상태가 나타납니다. 따라서 꼼꼼하게 파악하는 것이 중요합니다. 이 부분이 제대로 지켜지고 있다면 교실에 들어가자마자 칭찬할 수도 있습니다. 이것도 첫날에 꼭 언급합니다. 이렇게 하면 신발장 지도 또한 효과적으로 할 수 있습니다.

정리

2학기에는 1학기보다 성장한 모습을 보여야 한다는 것을 알려 주고 칭찬합시다.

여름 방학 후 등교 첫날 지도 ②
숫자 효과

   2학기는 다음 학년으로 이어지는 시기이므로 더욱더 중요합니다. 따라서 2학기 첫날도 마찬가지로 전달할 내용을 꼼꼼하게 생각해야 합니다. 이제 곧 학년이 끝나기 때문에 지도할 가치가 적다고 생각하기 쉽습니다. 하지만 짧은 기간인 만큼 하루하루를 더 소중하게 대해야 합니다. 전략적인 실천법을 통해 현재 학년을 즐겁게 끝내고 다음 학년으로 올라갈 의욕을 가질 수 있도록 지도합시다.

심리 키워드

숫자 효과

숫자 효과란 구체적인 숫자를 제시함으로써 설득력이 커지는 효과를 말합니다. 여기서는 2학기도 '얼마 남지 않은 시간'이라고 말하지 말고 "2학기는 총 ○○일입니다."라고 말합니다. 구체적인 숫자를 알려 줘서 하루하루 소중하게 여기며 2학기를 보낼 수 있도록 지도하는 것이 목표입니다.

실천 전략

STEP 1 → 2학기에는 '예비 ○학년'이라고 불린다고 이야기합니다. 예를 들어 5학년을 맡고 있다면 다음과 같이 말합니다.

교사의 말

"여러분을 부르는 말이 달라졌어. 이제 5학년이라고 불리지 않아. 뭐라고 불리는지 아니?"

아마 아이들은 "모르겠어요."라고 답하겠지요. 그럼 교사는 "여러분은 이제 예비 6학년이야."라고 알려 줍니다. 선생님들이 현재 학년이 아닌 다음 학년으로서 기대한다는 사실을 전합니다.

STEP 2 → 여름 방학이 끝난 후 등교하는 일수를 알려 줍니다.

교사의 말

"2학기가 앞으로 며칠 남아 있는지 아니?"라고 질문합니다. 아이들은 아마 모르겠지요. 구체적인 일수(예를 들면 43일 등)를 확실히 말해 줍니다. 아이들은 아마 남은 날이 매우 짧다고 느껴 놀랄 것입니다. 짧다고 느끼기 때문에 힘내야겠다는 의욕이 생깁니다.

POINT

일수는 토요일, 일요일, 공휴일을 뺀 날짜로 계산합니다. 그렇게 하면 날짜가 짧아집니다. 이때 연간 행사 예정표를 보면 쉽게 셀 수 있습니다.

유의점

방학 때 어떻게 지냈는지 물을 때는 말을 조심스럽게 고릅니다. 집안 사정으로 방학을 즐겁게 보내지 못한 아이가 있을 수도 있습니다. 다양한 사정이 있음을 유의하면서 물어보는 게 좋습니다.

정리

다음 학년으로 불린다는 사실을 의식하게 합니다. 그리고 구체적인 숫자를 사용하면서 의욕을 불러일으켜 결실을 거두는 2학기가 되도록 지도합니다.

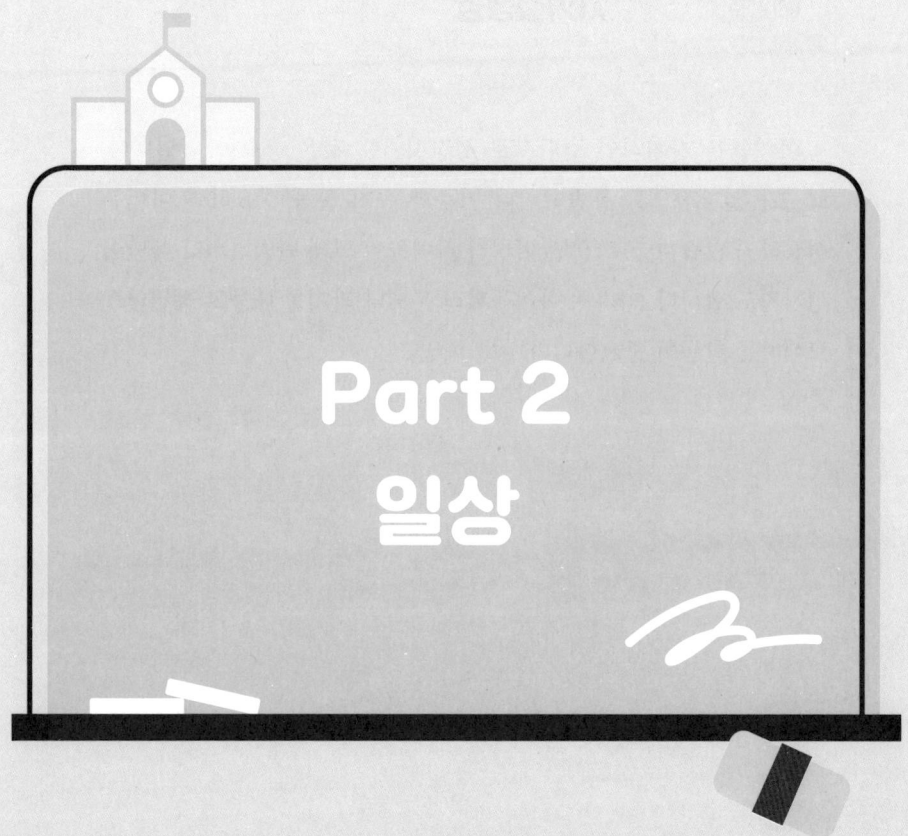

Part 2
일상

일상

16 자치적인 학급집단으로 성장시키기
자기결정감

아이들을 자치적인 집단으로 성장시키는 것은 중요한 일입니다. 교사가 일방적으로 통솔하거나 기준과 규칙 등을 강요하면 아이는 성장하지 않습니다. 그뿐만 아니라 아이들이 크게 반발하거나 불만이 생기기도 합니다. 따라서 아이들끼리 문제나 과제를 내놓고 해결안을 모색하는 활동이 중요합니다.

심리 키워드

자기결정감

자기결정감이란 아이들끼리 스스로 결정한 것은 열심히 지키려고 하는 심리 작용을 말합니다. 외적 동기부여, 내적 동기부여 다음으로 주목받고 있는 동기부여 방법입니다. 아이들은 자기가 결정한 사항은 스스로 적극적으로 하려고 합니다. 기준과 규칙, 그리고 행사까지 다양한 내용을 학급 안에서 함께 이야기하며 자립적으로 행동하는 집단으로 자라나도록 지도합시다. 그 수단으로 학급 회의를 활용합니다.

실천 전략

STEP 1 → 학급 회의를 하기 전, 사회 진행표에 필요사항을 써넣게 합니다.

의장단(사회자 1명, 부사회자 1명, 칠판 서기 2명, 노트 기록 1명, 게시용 기록 1명)이 사회 진행표를 작성합니다.

또한 각 역할은 다음과 같습니다.

- 사회자: 학급 회의에서 사회를 맡아 회의를 진행한다.
- 부사회자: 사회자 보조, 발언자 체크 등을 한다.
- 칠판 서기: 반 아이들의 의견을 칠판에 적는다.
- 노트 기록: 학급 회의 노트에 학급 회의 상황을 기록한다.
- 게시용 기록: A3 크기의 용지에 학급 회의에서 정해진 것을 기재한다.

STEP 2 → 의장단은 회의 전날까지 사회 진행표를 교사에게 보여 줍니다.

의장단은 회의 전날까지 사회 진행표를 교사에게 보여 주고 잘 모르는 부분이 있다면 조언을 구합니다. 이렇게 하면 교사 측에서도 아이들이 학급 회의를 어떻게 진행할 건지 미리 파악할 수 있고 필요하다면 수정할 수도 있습니다.

STEP 3 → 의논하는 당일 쉬는 시간에 의제, 제안 이유, 의논할 내용을 칠판에 씁니다.

수업 개시 시각까지 의제, 제안 이유, 목적, 의논할 내용①, 의논할 내용②를 제시합니다.
- 의제: 명칭 그대로 학급 회의에서 이야기할 대강의 내용입니다. 제목 수준으로 짧아도 됩니다. 예를 들면 학급 목표를 정할 때는 '학급 목표를 정한다'라든지 '행사 내용에 관해서' 등이어도

상관없습니다.
- 제안 이유: 왜 '학급회의'라는 형식으로 이야기해야 하는지를 설명합니다. 의논해야 하는 필연성을 부여하거나 가치에 대해 언급하는 일은 매우 중요한 일입니다.
- 목적: 이야기하는 목적으로, 이야기를 듣는 자세와 발언 시간 등으로 채워도 상관없습니다.

예를 들어 '복도 보행'에 관한 의제가 있다고 합시다.
- 의논할 내용①…그 반의 현재 상태가 테마입니다.
- 의논할 내용②…'어떻게 할지'를 기재해 현재 상태를 해결하기 위한 구체적인 대책을 생각하기로 합니다.

이상의 사항을 의논하기 전 단계에서 정했기 때문에 이를 칠판에 적습니다. 큼직한 화이트보드를 사용하면 의장단이 일제히 의제와 목표 등을 적을 수 있습니다. 또한 이동도 할 수 있습니다. 혹은 의견이 많이 나와 칠판에 다 적을 수 없을 때도 화이트보드를 꺼내서 칠판을 넓게 사용합니다.

STEP 4 → 종소리가 울리면 바로 학급 회의를 시작합니다.

사회자는 의제, 제안 이유, 의논할 내용①, 의논할 내용②를 말합니다. 이때 원칙적으로는 '제시->비교->정리'라는 사이클로 진행합니다. '제시'란 글자 그대로 서로 의견을 내는 것을 말합니다. 쉽게 말해 브레인스토밍이지요. 이 단계에서는 찬반으로 나누지 않습니다. 어쨌든 다양한 의견을 내는 것에 힘을 쏟습니다.

'비교'란 '제시'에서 나온 의견에 관해 찬반 토론을 하는 것을 말합니다. '○○에 찬성합니다. 이유는~' 등의 패턴으로 의논합니다. 물론 질의응답 시간을 가져도 됩니다.

'정리'란 서로 비교하고 의견을 조정하며 결정하는 단계입니다. 굳이 따지면 비교하는 단계와 정리하는 단계는 이어져 있습니다. 의논하는 것과 마찬가지로 '제시 → 비교 → 정리'라는 사이클로 의논합니다. 여기서 중요한 점은 원칙을 지키게 하는 것입니다. '비교' 단계에서 새 의견은 기본적으로 받지 않습니다. 단, 제안된 의견들을 정리한 의견은 괜찮습니다.

학급회의의 장점은
① 현재 상태를 파악하는 단계에서 교사가 의도하지 않았던 문제점을 발견할 수 있습니다.
② 아이들이 스스로 문제를 짚어 내는 데에서 자기결정감을 느낄 수 있습니다. 또한 아이들은 스스로 정한 것을 더 열심히 지키려고 합니다.

정리
학급 회의 흐름을 지도하고, 자치적인 학급집단으로 성장시킵시다.

제 < >회 학급회의 사회 진행표 통상.ver

의제	

내용	진행
1. 시작하는 말	이제부터 제 ( ) 회 학급 회의를 시작하겠습니다.
2. 의제 확인	의제를 확인하겠습니다. 오늘의 의제는 「　　」입니다.
3. 제안 이유·목적 확인	제안 이유는, 제안 이유: 목적은, 목적: 입니다
4. 의논할 내용 확인	그럼 의논을 시작하겠습니다. 의논할 내용은, ① ② 입니다.
○의논할 내용① (1) 의견 제시	우선 ①(　　)에 대해서 생각하겠습니다. 시간은 3분간입니다. 한번 생각해 봅시다.
(2) 찬성·반대 의견	그럼 의견이 있는 사람은 손을 들어 주세요. ·찬성, 반대 의견을 발표해 주세요.
(3) 결정	·●●와 ■■에 찬성의견이 많은데, 이 중에서 정해도 될까요? ·반대하는 사람 있나요? ·그러면 (　　)으로 정해졌습니다.
○의논할 내용② (1) 의견 제시	다음은 ②(　　)에 대해서 생각하겠습니다. 시간은 3분간입니다. 한번 생각해 봅시다.
(2) 찬성·반대 의견	그럼 의견이 있는 사람은 손을 들어 주세요. ·찬성, 반대 의견을 발표해 주세요.
(3) 결정	·●●와 ■■에 찬성의견이 많은데, 이 중에서 정해도 될까요? ·반대하는 사람 있나요? ·그러면 (　　)으로 정해졌습니다.
5. 정해진 내용 확인	정해진 내용은 노트 기록자인 ○○(이)가 적어 놓아 주세요.
6. 선생님 이야기	선생님 말씀을 듣겠습니다.
7. 끝내는 말	이것으로 제 ( ) 회, 학급 회의를 끝내겠습니다.

학급 회의 주의사항

◎의장단인 사람은 학급회의 전날까지 진행표를 작성해서 담임 선생님에게 보여 줍시다.
◎화이트보드에 '의제', '제안 이유', '목적', '의논할 내용①', '의논할 내용②', '총 시간①', '총 시간②'를 게시합시다.

일상 17 일기로 아이와 교감하기
편지 효과

특히 고학년이 되면 얌전한 아이 중에서는 교사와 온종일 한마디도 하지 않는 경우도 생깁니다. 이래서는 아이가 고민거리나 문제를 껴안고 있어도 교사가 파악하기 어렵습니다. 아이 한 명 한 명과 커뮤니케이션하는 것은 정말 중요합니다. 예전의 저는 그 중요성에 대해 전혀 깨닫지 못해 아무런 대응을 하지 못했습니다. 아니나 다를까 커뮤니케이션하지 않은 결과, 막상 문제가 생겨도 아이와 원활하게 대화하지 못할 때가 많았습니다.

심리 키워드

편지 효과

편지 효과란 말을 하면 부끄러워하거나 긴장하지만, 글로는 자기 마음을 표현할 수 있는 것을 말합니다. 교실에는 다양한 아이가 있습니다. 말로 전하는 게 어려운 아이도 있기 마련이지요. 또한 인원수에 따라 하루에 모든 아이와 커뮤니케이션한다는 게 쉽지만은 않습니다. 그래서 저는 일기를 활용해서 아이들과 커뮤니케이션하고 있습니다.

실천 전략

가정학습*의 일환으로 일기를 쓰게 합니다. 가정학습은 기본적으로 노트에 써서 제출하게 합니다. 그리고 노트에 학습한 페이지 마지막 부분을 사용해 몇 줄 정도 일기를 쓰게 합니다. 교사에게 직접 이야기하는 게 어려운 아이도 쓰는 건 할 수 있습니다.

방과 후 함께 논 친구 이름과 즐거웠던 일, 사소한 고민, 가족 이야기 등 평소 잘 이야기하지 않는 아이가 5줄, 10줄 가득 적어 주기도

---
* 부족한 부분을 보충하고 학교 숙제를 하며 집에서 자주적으로 하는 공부

합니다. 교실에서 모든 아이와 대화할 수 없더라도 교사와 아이는 일기로 이어져 있습니다. 또한 복도 등에서 아이와 둘만 있게 돼도 어떤 말을 할지 망설일 필요 없이 즐겁게 대화할 수 있습니다.

POINT

● '조금만 써도 된다'라고 말합니다.

한 줄이어도 괜찮다고 말합니다. 예를 들어 '피곤하다~'여도 괜찮습니다. 중요한 점은 교류하는 것입니다. '피곤하다~'라는 문장에 '괜찮아?'라는 문장으로 답하는 느낌으로 주고받는 것이 중요합니다. '내 기분을 선생님에게 전할 수 있다' 또는 '선생님과 대화한다'라고 느끼게 만드는 것이 중요합니다.

● 프라이버시를 지킵니다.

일기에는 개인적인 정보가 적혀있습니다. 아이 본인뿐만 아니라 가족에 관한 내용도 적혀있습니다. 따라서 제출할 때는 다른 사람에게 내용이 보이지 않게끔 신경 써야 합니다. 이런 배려가 있어야만 일기에 솔직한 마음을 적을 수 있습니다.

● 가정학습에 적은 일기에 '되도록 코멘트하겠다'고 가정통신문으로 전합니다.

'반드시 코멘트하겠습니다'라고 하면 막상 출장이나 행사 등으로 코멘트할 수 없는 상황이 됐을 때 '왜 코멘트가 없지?'하고 아이가 불신감을 품을지도 모릅니다. 따라서 '되도록'이라는 표현을 사용함으로써 코멘트할 수 없는 상황에 미리 대비하는 것이 좋습니다.

정리

일기라는 커뮤니케이션 방식을 활용하면 모든 아이와 대화할 수 있습니다.

일상 18

칭찬 테크닉①
칭찬을 가시화하기
토큰 이코노미

 밝은 인사, 씩씩한 대답, 집중해서 하는 청소. 모든 아이가 활기차게 생활하는 교실. 많은 교사가 그런 공간을 만들고 싶다고 생각할 테지요. 하지만 현실은 그리 만만하지 않습니다. 어떤 아이들은 차분하지 못하거나 자세가 바르지 않을 때가 많을 수도 있습니다. '문제행동은 주의시키고, 바람직한 모습이라면 하나하나 칭찬한다'와 같은 일반적인 지도 방식이 있지만 여기서는 제 실천법을 소개하고자 합니다.

심리 키워드

토큰 이코노미

토큰 이코노미란 ABA분석(응용 행동 분석)이론에 바탕을 두고 행해지는 칭찬 시스템으로, 교사가 아이에게 물건 등을 줌으로써 바람직한 행동을 하도록 격려하는 방식입니다. 학교 교육활동을 하면서 바람직한 행동에 주목해 더 좋은 학급이 되게 하는 것이 목적입니다.

실천 전략

STEP 1 → 100ml 용기와 클립을 준비합니다.

[준비물]
- 100ml 용기(과학실 도구나 산수 교재, 작은 컵도 좋습니다) 1~3개
- 대량의 클립(문구점 등에서 파는 대용량 2~3통)

[규칙]
- 한 번에 넣는 클립 개수와 타이밍은 교사의 재량에 맡길 것.
- 클립을 주지 않아도 바른 행동을 실천하는 것을 최종 목표로 삼을 것.

STEP 2 → 클립을 주머니에 숨겨 놓습니다.

아침에 교실에 들어가면 대략 20개 정도의 클립을 주머니에 미리 넣어 놓습니다.

STEP 3 → 일상적으로 칭찬하고 클립을 채워 나갑니다.

교실에서 '자세가 좋다, 대답을 잘한다, 프린트가 가지런히 정돈되어 있다' 등 바람직한 행동과 멋진 자세를 볼 때마다 계속 용기에 채워 나갑니다. 이전까지는 말로만 칭찬을 하다가 이제는 말과 함께 클립도 채워 주는 것입니다. 아이들은 클립이 용기에 쌓이는 걸 매우 좋아합니다. 그래서 더욱더 좋은 행동을 하려고 합니다. 아이들이 바람직한 행동을 하면 교사는 또 클립을 줍니다. 이런 활동을 통해 좋은 순환을 만들어 낼 수 있습니다. 그럼 이 실천법에서 알아 두어야 할 포인트를 확인합시다.

POINT
- 실행하는 의도와 규칙을 명확하게 설명합니다.

노력하는 모습을 말로 칭찬해도 말은 눈에 보이지 않습니다. 그래서 아이의 노력을 가시화하기 위해 눈에 보이도록 클립을 활용한다는 점을 설명합니다.

● 소소한 선물을 준비하면 더욱더 교실 분위기가 살아납니다.
예를 들어 클립이 한 용기에 가득 차면 자리를 바꾸는 등 보상을 준비해 줍니다.

● 간혹 "지금 클립 넣어 주세요."라고 말하는 아이도 있습니다.
하지만 넣는 개수와 타이밍은 선생님이 정한다고 단호하게 말합니다. 덧붙여 다양한 상황을 파악하고 통합적으로 판단한다고 알려 줍시다. 어디까지나 '아이의 노력을 가시화하는 것'이 목적임을 재확인시킵니다.

● 계속 칭찬하고 클립을 아낌없이 넣습니다.
'클립 실천'은 처음이 중요합니다. 처음에 클립을 아끼면 기쁘다는 감정이 잘 생기지 않습니다. 교사는 아끼지 말고 오히려 조금 과하다 싶은 정도로 넣어 주는 게 좋습니다. 그렇게 하면 아이들은 매우 기뻐하고 다음으로 이어지는 활동 의욕이 생깁니다.

● 교실 밖에서도 실천합니다.
본 실천법의 특징은 '클립'을 사용한다는 점입니다. 클립은 아주 작아서 어디든지 들고 다닐 수 있습니다. 예를 들어 화장실 청소 시간에 반짝반짝 깨끗하게 청소한 아이가 있다고 합시다. 대단하다고 한마디 하면서 화장실에서 클립을 줍니다. 클립을 받은 아이는 나중에 용기에 클립을 넣을 수 있습니다. 이처럼 교실 밖에서도 아이의 행동을 칭찬할 수 있습니다.

이 실천법으로 학급은 놀랄 정도로 바뀝니다. 예를 들면 아침 일찍 모두의 물건과 책상을 정돈하거나 5분 쉬는 시간에 청소하는 등 교사가 의도하지 않은 행동까지 합니다.
또한 주변 일에 눈치가 빠른 아이는 책상 의자를 넣거나 식판을 가지런히 정돈하는 등 잇따라 모범적인 행동을 하면서 좋은 본보기가 되지요. 보상으로 유혹해 재주를 익히게 하는 것 같다는 비판도 있지만, 이 방식은 실제로 활용되고 있는 어엿한 치료 교육입니다.

물론 아이들에게는 보상에 대한 욕심이 있을지도 모릅니다. 하지만 보상(클립)이 주어지지 않는 상황에서도 아이들은 점차 올바른 행동을 하게 됩니다. 클립이 없어도 교사의 따뜻한 눈길로 그 마음이 충분히 전해지기 때문입니다. 아이들은 본인의 노력을 교사가 인정해 준다는 사실에 크나큰 만족감과 안정감을 느낀다는 사실을 여기에서 강조하고 싶습니다.

일상 19

칭찬 테크닉②
효과적으로 칭찬하기
우연히 들은 효과

고학년이 되면 여러 사람 앞에서 칭찬받는 일에 저항감을 느끼는 아이가 많아집니다. 칭찬하면 다 좋아할 줄 알고 모두가 보는 앞에서 칭찬하기 쉽지만 이를 부끄러워하는 아이도 있습니다. 안이한 방법으로 칭찬하면 칭찬받는 일 자체를 싫어하게 될 수도 있습니다. 하지만 교사는 기특한 행동을 하면 모두에게 알리고 싶어집니다. 이런 경우는 어떻게 하면 좋을까요?

심리 키워드

우연히 들은 효과 Overheard Effect

우연히 들은 효과란, 직접 들은 정보보다 다른 사람의 대화를 듣고 얻은 정보에 더 큰 영향을 받는다는 것을 말합니다. 그 이유는 직접 들으면 어쩐지 겉치레처럼 들리는 반면, 간접적으로 들으면 그런 느낌이 없어져 거부감 없이 들을 수 있기 때문이지요. 교실에서도 겉치레를 없애고 효과적으로 칭찬하는 것을 목적으로 합니다.

실천 전략

STEP 1 → 조용한 시간에 실천합니다.

교사가 "잠시 교과서를 읽고 있자."라고 모두에게 지시해서 '조용한 공간'을 만듭니다.

STEP 2 → 아이를 부릅니다.

그리고 칭찬하고 싶은 아이를 교탁이 있는 쪽으로 부릅니다. 매우 조용한 장면에서 불러 내기에 교실에 있던 아이들은 '뭐지?' 하고 귀를 기울이게 됩니다. 어쩌면 '혼나는 건가?' 하고 긴장된 분위기가 될지도 모릅니다. 모두가 들을 수 있을 때 부르는 것이 중요합니다.

STEP 3 → 칭찬합니다.

그리고 작은 목소리로 "△△(행한 일)했다면서? ○○선생님이 칭찬하시더라. 역시! 대단해!" 하고 칭찬합니다. 모두가 있는 장소에서 칭찬하면 부끄러워하거나 저항하는 아이도 부드러운 표정이 됩니다. 그 이후 자연스럽게 반 전체에게 칭찬받은 일이 전해져 따듯한 분위기가 됩니다.

POINT

● 교실의 먼 곳까지 의식합니다.
작은 목소리로 칭찬하지만 제대로 교실 먼 곳까지 들리도록 말합니다.

● 조용한 공간을 활용하거나 의도해서 만듭니다.
만들기 시간이나 5분 쉬는 시간 등 자연스럽게 조용해지는 때에 칭찬하면 훨씬 효과적입니다.

유의점
칭찬할 때 효과적이지만 반대로 혼을 낼 때도 큰 영향을 끼칩니다. 하지만 혼내기보다는 되도록 칭찬할 때 사용합시다.

정리
조용한 시간에 아이를 칭찬하면서 반 아이들 모두에게 전달합시다.

칭찬 테크닉 ③
다른 선생님의 칭찬 전하기
윈저 효과

　학급 아이들은 학교에서 다양한 사람을 만납니다. 방과 후에 반 아이를 다른 선생님이 칭찬할 수도 있습니다. 그런데 이렇게 칭찬받은 일을 아이에게 전하지 않는 선생님이 많습니다. 이전에는 저도 그랬습니다. 하지만 이런 행동은 좋지 않습니다. 왜냐하면 제삼자의 말은 아이 마음에 크게 와닿기 때문입니다. 따라서 적극적으로 제삼자의 말을 아이에게 전해야 합니다.

심리 키워드

윈저 효과 Windsor Effect

윈저 효과란 제삼자의 목소리가 듣는 이에게 효과적으로 전달된다는 심리 효과를 말합니다. 교사가 아이를 직접 칭찬하지만 말고 제삼자(예를 들어, 다른 선생님)의 목소리를 제대로 전달하는 게 오히려 아이 마음에 더 와닿습니다.

실천 전략

다른 선생님이 우리 반을 칭찬하면 반드시 반 아이들에게 전합시다. 예를 들어 방과 후, S선생님이 "A와 B(반 아이)가 다른 학년 아이를 열심히 돌보고 있더라고요."라고 말했다고 합시다. **이런 경우 저는 꼼꼼히 메모해서 반드시 다음 날까지는 전하려고 합니다.** 다음 날 조회 시간에 "S선생님이 A와 B를 칭찬했어요."라고 구체적으로 전합니다.

아이는 이런 식으로 칭찬을 들으면 무척 기뻐합니다. 학급에서는 "S선생님에게 칭찬받았어?! 대단해!" 하고 화제가 됩니다. 또 그 선생님이 칭찬하는 관점은 평소 담임 교사의 칭찬과는 다릅니다. 이렇게 복합적인 요소가 겹쳐 칭찬받으면 자기긍정감을 높일 수 있습니다.

또한 이러한 제삼자의 말을 전함으로써 다른 사람들이 자신을 보고 있다는 사실도 의식하게 돼 다양한 선생님의 기대에 보답하기 위해 앞으로의 행동이 몰라보게 변화합니다.

유의점

윈저 효과는 혼을 낼 때도 마찬가지로 효과가 있습니다. 칭찬할 때 활용하면 긍정적인 효과가 있지만, 좋지 않은 정보를 전하면 부정적인 효과도 강합니다. 따라서 아이의 자존심에 상처를 입히지 않도록 세심한 주의가 필요합니다.

POINT

● 구체적으로 메모합니다.

다른 사람이 칭찬한 경우 ①누구에게, ②언제, ③어디에서, ④무엇을 칭찬받았는지 구체적으로 메모합니다.

● 학급 아이들의 이야기를 적극적으로 다른 선생님에게 듣도록 합니다.

교내 집단활동이나 운동회 등에서 적극적으로 "우리 반 어땠어요?"라고 물어보도록 합시다.

정리
　제삼자의 목소리를 적극적으로 활용해 아이에게 용기를 북돋아 줍시다.

일상

21

칭찬 테크닉④
간접적으로 칭찬하기
윈저 효과 응용

고학년이 되면 칭찬을 들어도 기뻐하지 않는 아이가 늘어납니다. 물론 본심은 기뻐해도 겉으로 드러내지 않는 아이도 있습니다. 어떤 아이는 부끄러워서 도리어 째려보기도 합니다. "칭찬을 들으면 솔직하게 기뻐하렴!" 하고 주의까지 주는 선생님도 있습니다. 이래서는 칭찬을 들은 건지 혼이 난 건지 헷갈리게 됩니다. 오히려 그 아이와 사이만 멀어지게 됩니다.

심리 키워드

윈저 효과 응용

윈저 효과란 제삼자의 목소리가 듣는 이에게 효과적으로 전달된다는 심리 효과를 말합니다. 이번에는 칭찬하고 싶은 아이에게 직접 말하는 것이 아니라 친한 친구를 통해 칭찬합니다. 간접적으로 칭찬함으로써 직접 전하는 것보다 칭찬하고 싶은 아이에게 교사의 마음을 더 잘 전할 수 있습니다.

실천 전략

> STEP 1 → 아이와 친한 친구(B)에게 아이(A)의 칭찬을 합니다.
> 칭찬한 내용은 당사자에게 전달되도록 유도합니다.

교사의 말

아이의 친한 친구와 복도 등에서 조용히 함께 있게 됐을 때, 나직이 "A는 정말 대단해. B야, 선생님이 칭찬하더라고 전해줄 수 있어?" 하고 말합니다.

STEP 2 → 전하는 걸 강제하지는 않는다고 말해 줍니다.

하지만 교사는 B에게 "만약 기억할 수 있다면 전해 줘."라고 말하면서 강요하지 않아야 합니다. 일부러 강제하지 않음으로써 B의 기억에 강하게 남아 A에게까지 전달될 수 있습니다. 단, B가 말하지 않을 가능성도 있습니다. 하지만 말하지 않더라도 괜찮습니다. 교사가 A를 칭찬했다는 사실이 B에게 전해지는 것만으로도 충분합니다.

A를 인정했다는 사실이 학급 누군가에게 전해지고 나면 어떤 형태로든 파급 효과를 가집니다. 이 실천법으로 지금까지 학급에 정을 못 붙이고 있던 A가 인정받는 존재로 바뀌었습니다. 이는 교사가 A를 인정하고 있다는 사실이 학급 전체에 퍼졌기 때문입니다. 그러면 자연스레 아이의 웃음이 늘어나고 학급을 이끄는 존재로 성장합니다.

정리

직접 칭찬하기 어려운 경우는 다른 아이에게 전달하게끔 유도해서 간접적으로 칭찬합시다.

칭찬 테크닉⑤
모두를 칭찬할 찬스 찾기
자기긍정감

　칭찬하는 것은 교사에게 매우 중요한 일입니다. 따라서 일상적으로 아이를 칭찬하도록 노력해야 합니다. 하지만 학급 생활을 하다 보면 아무래도 칭찬받는 아이와 칭찬받지 못하는 아이가 나뉘어지기 쉽습니다. 그렇다면 모두를 칭찬하기 위해서는 어떻게 하면 좋을까요?

> **심리 키워드**

자기긍정감

자기긍정감이란 '나는 가치가 있다'라고 아이 본인이 느끼는 것을 말합니다. 자기긍정감은 모든 일의 기초가 됩니다. 자기긍정감이 있어야 다양한 교육활동에 의욕적으로 참가할 수 있습니다. 자기긍정감을 높이는데 효과적인 수단이 바로 '칭찬'입니다. 특히 이번 실천법은 모두를 칭찬해 모두의 자기긍정감을 높이는 것이 목표입니다.

실천 전략

운동회와 학예회 등의 행사에서 열심히 하지 않는 아이는 없습니다. 정도의 차이가 있을 뿐 모두 열심히 합니다.

> **STEP 1 → 운동회 등 행사에는 학급명부를 들고 갑니다.**

교무실과 교실에 있는 제 사물함 안에는 학급명부가 100장 이상씩 들어있습니다. 운동회 등 행사가 있으면 언제든지 빠르게 꺼낼 수 있도록 준비해 둡니다.

STEP 2 → 운동회 등 행사에서 한 명 한 명 좋았던 부분, 활약한 장면을 학급명부에 메모합니다.

아이 한 명 한 명 열심히 하는 모습을 지켜보면서 짧아도 좋으니 하나하나 메모해 둡니다.

STEP 3 → 교실에 돌아오면 한 명 한 명 칭찬합니다.

교실에 돌아와서 출석번호 1번부터 순서대로 열심히 한 부분을 말합니다. 아이를 자리에서 일어서게 하고 "오늘 ○○를 했어. 멋지다!

박수!"라고 말하며 칭찬합니다. 이때 박수를 꼭 넣어 학급 아이들과 다 함께 손뼉을 쳐 줍니다.

POINT

● 제대로 일어서게 합니다.

이렇게 하면 모두가 주목합니다. 좋은 의미로 주목받게 하는 것이 중요합니다.

● 갑자기 칭찬합니다.

느닷없이 일어서게 하면 아이들은 혼나는 줄 알고 긴장된 분위기가 됩니다. 여기서 분위기 반전이 생겨 한 번에 분위기가 고조됩니다.

● 빠른 템포로 칭찬합니다.

한 명에게 한마디씩 칭찬하는 식으로 이어 나가면 분위기가 무르익습니다.

● 힘차게 손뼉을 치게 합니다.

박수는 상대방을 향한 축복을 담은 어엿한 메시지임을 이야기하고 힘차게 손뼉을 치게 합니다. 박수 포인트는 아쓰미 고타(熱海康太)의《즉각 효과! 내일부터 사용할 수 있다! 초등학교 교육 실천 100(即効！明日から使える！小学校の教育実践100)》을 참고했습니다.

박수 포인트

① 빠르게
② 강하게
③ 상대를 향해서

이러한 포인트를 참고하면 박수 연습이 됩니다.

유의점

모두를 칭찬하는 것이 원칙이지만, 어려울 때는 "선생님 눈에 보였던 범위 내로 몇 명만 발표할게."라고 확실히 설명한 후에 실천합니다.

STEP 4 → 가정통신문에 적는다.

아이들의 노력을 가정통신문에도 적어서 아이들뿐만 아니라 학부모에게도 아이의 노력을 전해 줍시다. 그리고 교실에서 읽어 줍시다.

학교 행사는 많습니다. 행사 속에서 아이 대부분이 노력합니다. 그 노력을 꼼꼼하게 메모하고 칭찬하면 모두의 자기긍정감이 확실하게 높아져 자신감이 생기는 아이가 늘어나게 됩니다. 그 결과, 아이들 모두가 활기차게 생활하는 교실을 만들 수 있습니다.

정리

행사를 칭찬할 기회로 삼고 아이의 자신감으로 연결합시다.

일상

23

교실을 깨끗하게 유지하기
모델링

교실을 깨끗하게 유지하는 것은 중요합니다. 교사는 바닥에 쓰레기가 있으면 아이들이 자발적으로 쓰레기를 줍기를 바랍니다. 또한 청소 시간에는 구석구석 꼼꼼하게 청소하기를 바라지요. 학교에서는 "쓰레기를 주웁시다!", "쓰레기를 주워야 합니다!"라고 강하게 지도하는 풍경을 흔히 볼 수 있습니다. 하지만 이래서는 아이들이 자발적으로 쓰레기를 줍지 않습니다. 오히려 청소란 강제적으로 해야 한다는 인상이 남아 깔끔히 청소하지 않게 됩니다. 그래서 매우 간단한 방법을 소개하고자 합니다.

> **심리 키워드**
>
> **모델링**
> 사람은 누군가의 행동을 보고 따라 하면서 학습하게 되는데 이를 모델링이라고 합니다. 무심코 보다 보면 아이들은 따라 하게 됩니다. 청소를 해 주길 바랄 경우, 강제하는 것이 아니라 스스로 배워서 바람직한 행동을 하게끔 만드는 것을 목표로 합니다.
>
>

실천 전략

　시험을 치거나 아이들이 각자 과제를 하고 있을 때 교사는 책상 사이를 걸어 다니다가 쓰레기가 있으면 조용히 줍습니다. 시험을 치고 있어도 아이들은 교사의 모습을 보고 있습니다. 또는 아이들이 토론 활동을 할 때, 책상 사이를 오가며 지도할 때도 쓰레기를 조용히 줍습니다. 어쨌든 교사가 떨어져 있는 쓰레기를 놓치지 말고 계속 줍습니다. 이런 실천을 꾸준히 하면 아이들이 쓰레기를 줍기도 하고 일상적으로 하는 청소의 질도 비약적으로 좋아집니다. 교사의 모습을 보고

'쓰레기를 줍는 건 당연하다', '어떻게 청소하면 좋은가'를 이해할 수 있게 됩니다.

POINT

● 아이들이 조용하게 있는 상황에서 모두가 모여있을 때 실천합니다.

아래와 같은 상황에서 실천하면 효과적입니다.
① 조용할 때
② 모두가 모여 있을 때

● 교실은 깨끗하게 유지해야 하는 장소라고 말합니다.

교실은 깨끗하게 유지해야 하는 장소라고 한 번씩 말합니다. 교사가 실행하고 있기에 매우 설득력이 있습니다. 이렇게 말을 함으로써 교사의 의도와 청소의 중요성을 깨닫게 됩니다.

● 작은 빗자루와 휴지, 분무기를 상비해 둡니다.

아이의 행동을 촉구할 때 환경은 매우 중요합니다. 먼지가 많을 때는 작은 빗자루를 준비해 두면 매우 편리합니다. 또한 휴지를 걸어 두거나 분무기도 몇 개 준비해 두면 아이들이 청소를 부담 없이 할 수 있습니다.

정리

우선 교사가 모범이 되어 쓰레기를 주웁시다.

일상 24

부탁으로 신뢰 쌓기
언더독 효과

학급경영에 있어서 교사라면 모든 아이가 골고루 활약해 주기를 바랍니다. 하지만 얌전한 아이는 자신이 없거나 부끄럽다는 이유로 좀처럼 앞에 나서지 않습니다. 아이의 성장을 생각해서 무언가를 할 필요가 있을 때 어떻게 유도하면 좋을까요?

심리 키워드

언더독 효과 Underdog Effect*

언더독 효과란 일부러 자신의 약점이나 서툰 부분을 밝혀 상대로부터 쉽게 응원받을 수 있게 만드는 것을 말합니다. 교사가 아이에게 자신의 서툰 부분이나 약점을 말해 도움이 필요하다고 어필함으로써 아이가 역할이나 일을 맡도록 유도하는 것을 목적으로 합니다.

* 약자를 더 응원하고 지지하는 심리 현상

실천 전략

교사의 약점을 보여 주고 떠봅니다.

예를 들어 학예회 연극에서 댄스를 하게 됐다고 합시다. 때마침 반에는 댄스를 배우고 있는 '실력자'인 아이가 있습니다. 하지만 평소 얌전해서 앞에 나설 기회가 적습니다. 그래서 이 아이에게 사람들 앞으로 나와 무언가를 하거나 리더십을 발휘하는 경험을 쌓게 해 주고 싶습니다. "댄스 리더를 해 보지 않을래?" 물어봤지만 아이는 선뜻 답하지 않고 어떻게 할지 고민하고 있습니다. 그때는 다음처럼 물어봅시다.

교사의 말

"사실은 말이야, 선생님은 춤을 잘 못 춰. 그리고 다른 아이들도 배운 적이 없어서 잘 모르고. 너의 도움이 필요해. 물론 모두를 모으거나 끌어 나가는 부분에 관해서는 최선을 다해 도와줄게. 선생님은 ○○(이)에게 꼭 부탁하고 싶은데, 괜찮을까?"

여기서 포인트는 다음과 같습니다.
- 솔직하게 교사가 춤을 잘 못 춘다고 말하는 것
- 교사뿐만 아니라 다른 아이들도 필요로 하고 있다는 것
- 최선을 다해 서포트한다는 것
- 어디까지나 '부탁'이라는 것

이상의 취지를 전합니다. 그러면 아이도 "네, 알겠어요." 하고 응해 줍니다. 곧바로 맡지 않았던 이유는 사람 앞에서 무언가를 한다는 것에 자신이 없었기 때문입니다. 아이가 자신의 장점을 인식하게 한 후, 교사와 친구들이 그 부분에서 도움이 필요하다는 사실을 전해 '자신이 리더가 되지 않으면 안 된다'라는 느낌을 받을 수 있도록 해야 합니다.

그리고 무엇보다 최선을 다해 서포트하겠다고 확실하게 전달하고, 어디까지나 '부탁'이라는 형식을 취합니다. 낯선 일을 하는 것은 누구에게나 불안합니다. 서포트한다는 말을 확실히 전해 불안을 없애고 용기를 북돋아 주는 것이 중요합니다.

핵심은 어디까지나 '부탁'한다는 것입니다. 자신의 결정이라기보다 선생님의 부탁이기 때문에 책임은 교사에게 있습니다. 책임과 중압감을 교사가 대신 떠맡고 아이의 부담을 덜어 주는 배려가 중요합니다.

이런 활동의 결과 여태껏 보여 준 적 없었던 멋진 활약을 하는 아이를 많이 봐 왔습니다. 예를 들면 지금까지 소극적이던 아이가 리더가 되어 쉬는 시간을 활용해 친구들을 모아 연습하거나 집에서 필요한 것을 만들어서 가져오는 등 자주성을 발휘했습니다.

또한 행사가 끝났을 때 보호자 분께서 "엄청 열심히 몰두했어요. 애가 의욕에 가득 차서 연극에 임했는데 이런 모습을 본 건 처음이에요."라고 감사의 말을 전해 주신 적도 있습니다.

POINT

● 부탁은 하지만 절대로 강제로 하게 하지는 않습니다.

아이가 잘하는 분야 등을 파악하되 절대로 억지로 떠맡게 해서는 안 됩니다.

● 상황을 잘 확인합니다.

부탁하는 것은 그대로 방치하는 것이 아닙니다. 상황을 잘 보고 "어때? 힘든 점은 없어?" 하고 물어봐야 합니다. 아이가 안심하고 자신감 있게 행동하게끔 꾸준히 격려합니다. 아이가 잘 모르거나 곤란한 부분이 생기면 반드시 서포트합시다.

● 모든 행사가 끝나면 반드시 감사 표현을 합니다.

"네 덕분에 연극이 대성공이었어. 고마워." 다양한 경우에 통용되는 철칙이지만 격려의 말을 반드시 건넵니다. 특히 학부모도 걱정하는 상황이었다면 행사가 끝난 후 학부모에게 전화를 걸 필요도 있습니다. 이 한마디로 아이는 힘을 받고 다음 활동에 대한 의욕까지 갖게 되어 이전보다 훨씬 더 자신감 있게 학교생활에 임하게 됩니다.

정리

자신감이 없는 아이에게는 꼭 필요하다는 느낌을 받을 수 있게 해 한 발짝 내디딜 용기를 불어넣어 줍시다.

일상

오고 싶은 학교 만들기
피크엔드 법칙

아이는 학급에서 다양한 일을 경험합니다. 즐거운 일, 괴로운 일, 억울한 일 등 다양한 감정이 뒤섞인 하루를 보내지요. 교사는 아이가 학교를 마치고 집으로 돌아갈 때 '오늘도 즐거웠어!'라고 생각해 주기를 바랍니다. 즐거웠던 감정은 다음 날의 의욕으로 이어집니다. 따라서 종례를 잔소리로 끝내는 건 피하는 게 좋습니다.

심리 키워드

피크엔드 법칙 Peak-end Rule

피크엔드 법칙이란 마지막에 느낀 감정 등이 인상에 강하게 남는다는 법칙을 말합니다. 즉, 교실에서의 마지막 활동은 아이에게 매우 강하게 남습니다. 교실에서의 마지막 활동이란 종례입니다. 이 종례 시간이 즐거운 인상으로 남으면 그날 하루의 학교생활이 즐거웠다고 느끼게 됩니다.

실천 전략

종례 시간은 재밌게 끝냅니다. 짧은 종례 시간이지만 간단한 게임 등을 하는 것이 좋습니다. 사소한 활동이지만 많은 아이가 "재밌다~" 하고 말하면서 방긋 웃으며 하교합니다. 학교라는 집단 속에서 하루를 보내면서 여러 일이 있었겠지요. 하지만 학교는 즐거운 곳, 편한 장소라고 느낄 수 있도록 궁리해야 합니다.

POINT

● 매일 할 필요는 없습니다.
시간이 남았을 때 진행하는 정도면 됩니다.

● 레크레이션 담당을 조직해서 진행해도 좋습니다.
1학기는 교사가 주도해도 되지만 모처럼의 기회이니 아이가 주체가 되어 기획하고 진행해도 좋습니다. 이렇게 하면 학급의 결속력을 높이고 리더십을 키우는 기회 또한 만들 수 있습니다.

● 교사가 함께 즐기는 것이 중요합니다.
교사가 웃는 얼굴로 즐겁게 지내는 모습을 아이들에게 보여 주는 것 또한 중요합니다. 교사의 모습을 보고 아이들도 즐거워집니다.

정리

즐거운 시간을 만들어 모든 아이가 웃는 얼굴로 귀가할 수 있도록 노력합시다.

일상

26 아이에게 답을 끌어내기
퀘스천 테크닉

수업 중에 잡담하는 아이가 있으면 보통은 "○○○, 떠들지 마." 하고 지도합니다. 하지만 이렇게 지도하면 "저 이야기 안 했는데요." 하고 인정하지 않는 경우가 있습니다. 교사가 "방금 이야기하고 있었잖아."라고 말해도 "아니요, 이야기 안 했어요." 하고 아이가 반론하기 시작하면 지도가 막히게 됩니다. 아이 입장에서는 선생님이 일방적으로 단정을 짓는다고 말할지도 모릅니다. 이럴 때는 어떻게 지도하면 좋을까요?

심리 키워드

퀘스천 테크닉

퀘스천 테크닉이란 질문을 반복해 의견이나 사실을 끌어내는 행위입니다. 아이가 잡담을 했다는 사실을 명확하게 알고 있어도 원칙적으로는 교사가 먼저 "방금 떠들었지?"라고 말하지 않습니다. "○○했지?"라고 단정하면 아이는 심리적으로 반발하고 싶어지기 때문입니다. 따라서 스스로 답하도록 유도하는 것이 중요합니다.

실천 전략

STEP 1 → 아이를 일어서게 합니다.

수업 중에 잡담하는 아이가 있다고 합시다. 그냥 넘어갈 수는 없습니다.

교사의 말

먼저 "○○○, **자리에서 일어나.**" 하고 말합니다. 여기서 일어서게 하는 것이 중요합니다. 다른 아이들은 '왜 일어서지?'라고 생각합니다. 다른 아이들을 주목하게 해서 긴장 상태를 만듭니다.

STEP 2 → 일어나게 된 이유를 아이가 말하게 합니다.

교사의 말

교사가 자신을 왜 일어서게 했는지 아이에게 묻습니다. 아이로서는 뻔한 질문입니다. 하지만 '떠들지 마라' 하고 단정하는 것보다 훨씬 솔직하게 답하게 됩니다. 따라서 아이는 솔직하게 "잡담을 했기 때문입니다."라고 말합니다. 이에 교사는 "그만하자." 한마디만 하면 끝이 납니다. 교사는 거의 말하지 않는다는 점이 중요합니다. 단, 동작을 넣어 질문한 것뿐입니다. 아이에게서 답을 끌어내기 때문에 지도하는 말도 짧아집니다.

POINT

- 교사가 하는 말이 적기 때문에 학력 수준이 낮은 아이도 이해하기 쉽습니다.

- 스스로 잘 깨달았다는 점을 칭찬해 줄 수 있습니다.

- 아이가 풀이 죽을 가능성이 줄어듭니다.

- 개인을 지도하면서 전체를 지도할 수 있습니다.

● 짧은 시간에 끝납니다.

정리

질문을 해서 아이의 의견을 끌어냄으로써 짧은 시간에 효과적인 지도를 할 수 있습니다.

일상

27 제출 마감을 지키게 하기
기한 결정 효과

　수학여행 계획서*나 위원회 소식지 등 마감을 잘 못 지키는 아이가 있습니다. 이때 "언제 제출할 거니!"라고 화를 내거나 위압적으로 지도하는 교사도 있습니다. 하지만 이렇게 지도하면 아이가 위축되고 맙니다. 강압적으로 지도하지 않고도 아이가 기한을 잘 지키게끔 하기 위해서는 어떻게 하면 좋을까요?

* 수학여행을 가기 전에 일정과 소지품 리스트, 먹고 싶은 음식, 보고 싶은 것 등을 적어 공유하는 계획서

심리 키워드

기한 결정 효과

기한 결정 효과란 스스로 정한 기한은 열심히 지키려고 하는 심리 작용을 말합니다. 먼저 "언제까지 할 수 있을 것 같니?"라고 아이에게 질문합니다. 아이는 고민한 뒤 "○○일까지 해 올게요."라고 말합니다. 아이들은 스스로 기한을 정하면 대부분 약속을 지킵니다. 혼내지 않고 "언제까지 할 수 있겠니?"라는 질문만으로도 기한을 지키게 할 수 있습니다.

실천 전략

스스로 기한을 정하게 합니다. 예를 들어 수학여행 계획서 마감을 지키지 못한 아이가 있다고 합시다. 기한을 지키지 않는 것은 다른 아이에게 피해를 주는 행동이라는 사실과 마감을 지키는 일의 중요성을 지도합니다.

교사의 말

그런 다음, **"언제까지 제출할 수 있을 것 같니?"** 하고 물어봅니다. 아이는 교실 달력 등을 보고 제출하는 날짜를 정합니다. 스스로 생각하고 이 날까지 제출하겠다고 말합니다. 그러한 마음을 존중하고 약속합니다. 교사가 제출일을 정해 주고 강요하는 것보다 제출할 확률이 훨씬 높아집니다.

이 실천법은 다양한 경우에 활용할 수 있습니다. 예를 들어 전교에서 발표하는 글을 쓰는 아이에게 **"언제까지 쓸 수 있을 것 같니?"** 라고 묻거나 **"언제까지 다시 해 올 수 있겠어?"** 라고 물어봅시다.

POINT

간혹 제출하는 날을 너무 늦은 날짜로 지정하는 아이도 있습니다. 그럴 때는 "적어도 ○일까지는 해야 해. 그 안에서 정하자." 하고 최종 마감일을 두고 그 기간 안에서 정하도록 지도합니다.

이 실천법을 통해 아이는 스스로 정한 날짜를 기억하게 되기 때문에 제때 제출할 확률이 높아집니다. 교사가 정한 날까지 제출하는 것도 중요하지만 과제를 수행하거나 발표하는 것은 기본적으로 본인의 일입니다. 섬세한 테크닉이지만 잘 사용한다면 아이가 학교생활에서 수행해야 할 과제를 자기 일이라고 생각하고 계획적으로 행동하게 됩니다.

정리

제출물 등 마감을 좀처럼 지키지 않는 아이에게는 질문을 합시다.

일상

공평한 지도 알려 주기
리프레이밍

  아이가 교사의 지도에 대해 불평불만을 품게 되는 경우가 있습니다. 예를 들어 '누구는 안 혼내면서 나만 혼내! 불공평해!'라든지 '대하는 방식이나 지도에 차이가 있는 것 같아'라고 생각하는 아이가 있을 때가 있지요. 불평불만은 교사에 대한 불신으로 이어집니다. 그리고 불신이 퍼지면 교사의 지도에 따르지 않게 됩니다.

  이렇게 되는 요인 중 하나로 아이가 '평등'과 '공평'의 개념을 잘못 이해하고 있는 것을 들 수 있습니다. 평등이란 모든 아이를 똑같이 지도하는 것입니다. 하지만 아이들은 한 명 한 명이 모두 다릅니다. 교사는 개개인의 목표를 달성하기 위해 '평등'이 아닌, 개인에 맞춘 '공평'한 지도를 합니다.

심리 키워드

리프레이밍

리프레이밍이란 모든 일을 받아들이는 방식이나 생각을 바꾸는 것을 말합니다. 아이는 교사가 '평등'하게 지도한다고 생각합니다. 하지만 실제로 교사는 '공평'하게 지도합니다. 따라서 아이에게 교사는 평등한 지도가 아니라 공평한 지도를 한다는 사실을 이해시킵니다.

실천 전략

> STEP 1 → '평등'과 '공평'의 차이를 생각하게 합니다.

교사의 말

우선 아이들에게 단도직입적으로 **"선생님들은 평등하게 지도하지 않아. 하지만 공평하게 지도해."** 라고 말합니다. 그다음 칠판에 '평등', '공평'이라는 단어를 씁니다. 그리고 "평등과 공평의 차이점이 뭘까?"라고 아이들에게 질문합니다. 이 단계에서 잘 생각해 보게끔 지도합니다. 아마 명확한 답은 나오지 않을 테지요.

POINT

● 선생님 '들'이라는 단어를 넣읍시다.

'들'이라는 표현을 사용하면 교사 개인의 이야기가 아니라 많은 선생님이 똑같이 행동하고 있음을 나타낼 수 있습니다. 이 한 글자를 사용하는 것으로 설득력을 높일 수 있습니다.

STEP 2 → 그림으로 '평등'과 '공평'에 관해서 설명합니다.

아래 그림 중 왼쪽은 '평등'을 나타냅니다. 평등 그림에서는 발판의 높이가 같으므로 키가 작은 아이는 선반 너머를 볼 수 없습니다.

오른쪽 그림은 '공평'을 나타냅니다. 아이의 키 높이에 맞춰 발판 개수가 다릅니다. 발판이 달라서 전원이 선반 너머를 볼 수 있습니다.

평등

공평

그림의 발판 부분을 손가락으로 가리키면서 발판이 곧 지도라고 말합니다. 전원이 선반 너머를 본다는 목표를 위해서는 각각 발판 개수가 다르다는 부분을 깨닫게 합니다. 즉, 목표(선반 너머를 보는 것)를 달성하기 위해서는 평등하게가 아니라 공평하게 지도해야 한다는 사실을 알려 줍니다.

STEP 3 → 숙제를 예로 들어 구체적으로 설명합니다.

교사의 말

"숙제를 100개 잊어버린 사람과 숙제를 1개 잊어버린 사람을 똑같이 지도할 수 있을까?" 즉, 몇 번이나 주의하라고 해도 개선되지 않는 아이와 아주 가끔 잊어버리는 아이를 똑같이 지도하는 것이 과연 자연스러운지 구체적으로 질문합니다. 같은 목표를 달성하기 위해 개인마다 지도가 다르다는 것을 친절하고 이해하기 쉽게 알려 줘야 합니다.

이렇게 평등과 공평에 관해 이야기하면 대부분 수긍합니다. 또한 교사가 지도하는 의도를 생각하게 됩니다. 이런 설명을 통해 교사와 아이가 서로 이해하게 되고 불필요한 불만이 해소됩니다.

유의점

대전제는 아이들을 잘 인정하고 애정을 가지고 대하는 것입니다. 본 실천법을 실천한다고 모든 게 해결되는 건 아닙니다. 머리로는 공평에 관해서 이해해도 마음속으로는 불만을 품게 될 수 있습니다. 교사가 지도할 때 배려는 꼭 필요합니다. 어쩔 수 없이 자주 혼나는 아이에게는 자주 칭찬하고 사랑을 가지고 대하는 것이 무엇보다 중요합니다.

정리

그림과 구체적인 예시를 들면서 평등과 공평에 관해 이야기합시다.

일상

29 모범생도 공평하게 혼내기
사회 비교 이론

교사는 바람직한 행동을 한 아이는 칭찬하고 좋지 않은 행동을 한 아이에게는 주의를 줍니다. 따라서 어쩔 수 없이 고정적으로 혼나는 아이가 생기기 마련입니다. 그 결과 '쟤(우수한 아이)는 늘 칭찬받는데 어째서 나(늘 혼나는 아이)만 꾸중을 듣는 거야' 하는 불만이 쌓입니다. 이렇게 불만이 쌓이게 되면 교사에게 반항하거나 문제행동을 일으키게 됩니다. 그럼 어떻게 하면 좋을까요?

심리 키워드

사회 비교 이론

사회 비교 이론이란 다른 사람과 비교해서 우열이나 상하관계를 정하는 심리를 말합니다. 즉, 늘 칭찬받는 아이와 늘 혼나는 자신을 비교해서 '어째서 나만 혼나는 거야' 하고 불만이 쌓이는 심리가 작용합니다. 이러한 심리를 해소하기 위해서 교사는 '공평하게 혼낸다'라는 것을 의식하면서 지도할 필요가 있습니다.

실천 전략

어떤 위원회에서 생긴 일입니다. 모범생인 아이들이 쉬는 시간에 정해진 장소에 모였어야 했는데 그만 깜빡하고 말았습니다. 평소에는 똑 부러지는 아이들입니다. 이때 교사는 '뭐, 평소에는 똑 부러지니까 지도하지 않아도 괜찮겠지?' 하고 생각해서는 안 됩니다. 여기서 혼내지 않는 건 불공평하다는 마음을 쌓게 만드는 원인이 됩니다.

STEP 1 → 여기서 해당하는 아이들에게 "여러분이 중요한 위원회 일을 잊어버린 건 큰 잘못이야."라고 꾸짖습니다.

소리치며 야단칠 필요는 없습니다. 다만 확실히 꾸짖는 것이 중요합니다. 이때, 뒤에서는 무슨 일이 일어날까요? 이를 보고 있는 아이들은 '저런 우등생인 애들이 혼나다니. 선생님은 공평하게 혼내는구나!'라고 생각합니다.

STEP 2 → 수업이 끝나고 반드시 꾸짖은 이유를 전합니다.

교사의 말

"왜 그렇게 혼냈는지 아니? 그건 너희들이 모범이 되기 때문이야. 그런 기대를 포함해서 혼냈단다." 이처럼 왜 혼냈는지를 확실히 설명합니다.

유의점
가능한 한 혼내기보다는 칭찬하도록 합시다. 혼을 내서 불평불만을 해소하는 게 아니라 칭찬하거나 인정해 주면서 학급의 많은 아이가 기분 좋게 생활할 수 있도록 노력합시다.

정리
모두를 확실히 지도한다는 것을 아이들이 의식하게 함으로써 불공평하다는 마음을 느끼지 않게끔 지도합시다.

일상

30

'모두 즐겁게 지내는 것 같니?' 질문하기
투영법

 교실 상황을 아이에게 질문하는 건 중요한 전략입니다. 저학년이라면 몰라도 고학년이 되면 스스로 무언가를 잘 말하지 않게 됩니다. 그래서 상황을 파악하는 게 어려워지지요. 하지만 가끔은 아이에게 상황을 듣고 대책을 마련하고 싶을 때도 있습니다. "학교는 즐겁니?" 하고 물어봐도 아이는 본심을 잘 말하지 않습니다. 왜냐하면 자기 이야기를 하는 것은 큰 용기가 필요하기 때문입니다. 그럼 어떻게 하면 좋을까요?

심리 키워드

투영법

투영법이란 심리테스트나 심리검사에서 사용하는 방법입니다. 이 검사방법의 목적은 간접적으로 아이의 상태를 파악하는 것입니다. 하지만 교실에서 그런 테스트나 검사를 하기는 어렵습니다. 대신 "반 아이들은 모두 즐겁게 지내고 있는 것 같니?"라고 질문합니다. "너는 즐겁니?" 하고 직접적으로 질문하는 게 아니라 "모두 즐겁게 지내고 있는 것 같니?" 하고 간접적으로 질문합니다. 즉, **모두의 모습을 파악하게 함으로써 그 아이의 상태(상황)를 반영시킵니다.** 모두에 대해 물어봄으로써 그 아이의 상태를 파악할 수 있습니다.

실천 전략

STEP 1 → "반 아이들이 모두 즐겁게 지내고 있는 것 같니?"
라고 질문합니다.

모두가 귀가한 방과 후, 남아 있는 아이가 있다고 합시다. 만약 "(너의) 학교생활은 즐겁니?" 하고 물으면 본심을 듣기 힘듭니다. 혹은 "잘 모르겠어요."라는 답변이 돌아오지요.

교사의 말

이럴 때는 **"모두 즐겁게 지내고 있는 것 같니?"** 하고 물어보면 답변이 돌아옵니다.

STEP 2 → 물어본 이유를 덧붙입니다.

갑자기 이런 질문만 던져 놓으면 아이는 의문에 가득 찬 표정을 짓습니다. 그러면 "혹시 어려움을 겪는 학생이 있는 건 아닐까 해서 말이야." 하고 질문한 의도를 말합니다. 어쩌면 '사이가 안 좋은 친구들이 있다'라든지 '어떤 아이가 말을 험하게 한다'라고 말해 줄지도 모릅니다. 이렇게 하면 교실의 실태를 파악할 수 있습니다.

POINT

● 다른 아이가 없는 장소를 고릅시다.

예를 들면 방과 후, 아이가 혼자 남아 있을 때 물어보는 게 좋습니다. 이처럼 "모두는?" 하고 물어보면 자기 생각을 솔직하게 얘기해 줄 확률이 높습니다. 이는 학급의 상황을 알 수 있는 실마리가 됩니다.

정리

학급 전체에 초점을 두고 질문해서 좀 더 나은 교실을 만들 실마리를 찾아 나갑시다.

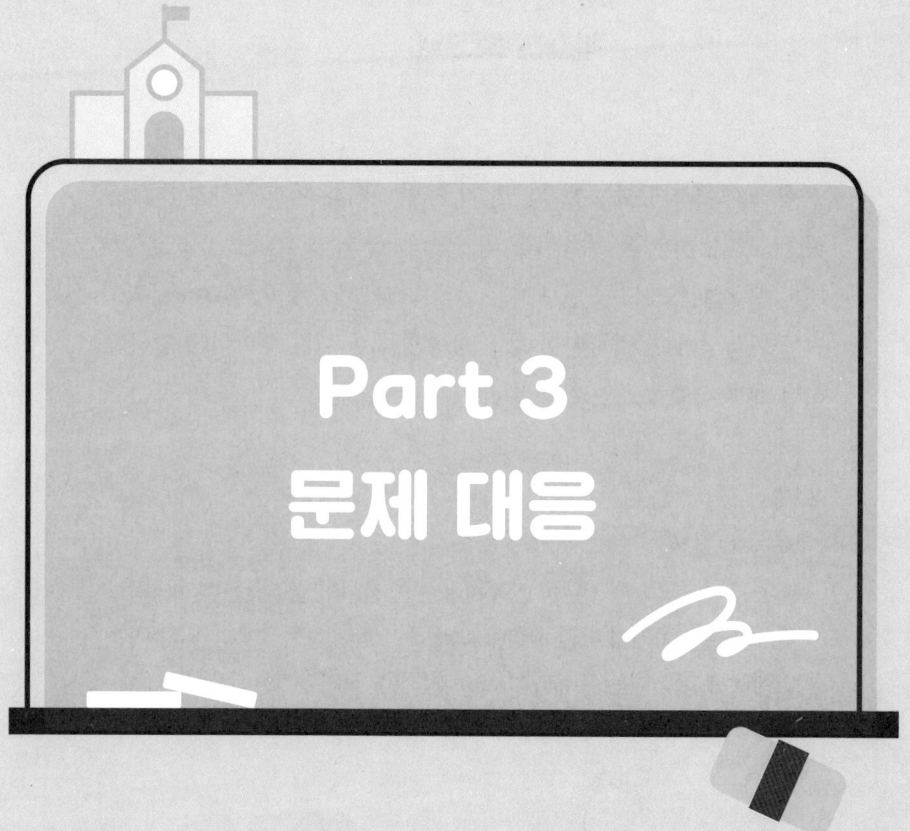

Part 3
문제 대응

문제 대응 31

사실 확인①
사실 확인은 아이를 통해 하기
퀘스천 테크닉

학급 내에서 문제가 발생하면 가장 먼저 사실 확인을 하기 위해 우선 해당하는 아이를 부릅니다. 하지만 사실 확인이라는 글자 그대로 "○○을 했니?"라고 확인해서는 안 됩니다. 아이가 "안 했어요."라고 말할 가능성이 있기 때문입니다. 이렇게 되면 지도가 막히게 됩니다. 이럴 때는 어떻게 사실 확인을 하면 좋을까요?

> ### 심리 키워드
>
> **퀘스천 테크닉**
> 퀘스천 테크닉이란 질문을 반복해 의견과 사실을 끌어내는 행위입니다. 즉, 교사 쪽에서 확인 사항을 '나열해서 확인'하는 것이 아니라 아이에게서 '끌어내는' 것을 원칙으로 합니다. 아이에게서 끌어내면 정확한 사실을 원활하게 확인할 수 있습니다.
>
>

실천 전략

STEP 1 → 아이를 불러 낸 후 곧바로 질문합니다.

예를 들어 방과 후, 친구 관계로 문제가 생겼다는 걸 알게 됐다고 합시다. 가해자라고 생각되는 몇 명의 아이들을 부릅니다.

교사의 말

아이가 오면 교사는 곧바로 **"선생님이 왜 불렀는지 아니?"** 하고 질문합니다.

POINT

● 눈치가 빠른 아이는 스스로 사실을 말합니다.

큰 사건일 경우, 아이는 불려 온 시점에서 그 이유를 이미 알고 있을 때가 있습니다. 이럴 때 눈치가 빠른 아이는 스스로 말하기도 합니다. 이렇게 아이에게서 끌어낸 이야기는 아이가 인정한 사실이기 때문에 지도하기 수월해집니다.

● 사실 확인 시에 칭찬할 수 있습니다.

상황이나 아이 실태에 따라 다르지만 "스스로 말하다니 대단해." 하고 긍정하면서 사실을 확인할 수 있습니다.

● 교사가 의도하지 않은 정보를 듣게 될 수도 있습니다.

문제에 대처할 때의 비법은 정보입니다. 어떤 정보를 알고 있는지가 매우 중요합니다. 의도하지 않은 정보일지라도 알아 두는 것은 매우 중요합니다. 만약 지금 필요하지 않은 정보라면 "그 이야기는 나중에 들을게."라고 대답하고 이번 일에 관해 얘기합니다.

● 아이가 말을 하기 편하게 만듭니다.

사실 확인을 하다 보면 아이가 침묵할 때도 있습니다. 그러면 지도가 막히게 됩니다. 하지만 불려 와서 곧바로 무언가를 대답한다는 동작을 넣으면 그저 수동적으로 듣는 게 아니라 이야기해야 한다는 인상을 받기 때문에 좀 더 쉽게 말을 하게 됩니다. 그 결과, 훨씬 수월하게 사실을 확인할 수 있습니다. 또 모를 때는 "모르겠습니다." 하고 말하게끔 합니다. 말하는 행위의 중요성을 지도해야 합니다.

STEP 2 → 교사가 어느 정도 알고 있다는 것과 스스로 말하는 것의 중요성을 설명합니다.

"불려 온 이유가 뭔지 아니?"라는 질문에 대해 "모르겠어요."라고 답한 경우,

교사의 말

"선생님은 어떤 일이 있었는지 이미 어느 정도 알고 있어."라고 말합니다. 그리고 이어서 "선생님이 말해도 되지만, 스스로 말한다면 대견스러울 텐데 말이야." 하고 덧붙입니다.

이처럼 교사가 알고 있다는 사실을 이야기하면 아이는 '선생님은

이미 알고 계시구나! 그러면 내가 말해야겠네' 하고 생각합니다. 또한 교사가 '스스로 말한다면 대견스럽다'라는 마음을 전하면 아이가 더욱더 스스로 말하게끔 유도할 수 있습니다.

솔직하게 말하는 것은 무척이나 용기가 필요한 행위입니다. 스스로 말하는 행동에 가치를 부여함으로써 아이를 격려할 수 있습니다.

POINT

● '어느 정도'라는 말로 모호하게 합니다.

'모두 알고 있다'라는 말은 사용하지 않습니다. '모두'라는 단어는 매우 강한 표현입니다. 만약 사실을 듣지 못했을 때나 애초에 교사가 예상했던 사실과 달랐을 경우, 아이에게 상처를 줄 가능성도 있습니다. 부드러운 표현으로 어디까지나 아이 목소리에 귀를 기울인다는 자세를 지키길 바랍니다.

● 교사가 정말로 모든 사실을 알고 있지는 않아도 됩니다.

'선생님은 알고 있다'라고 생각하게 만드는 것이 중요합니다. 이렇게 느끼게 되면 아이는 '사실을 말하지 않으면 큰일 난다'라고 생각합니다. 그리고 아이 대부분이 스스로 사실을 말하게 됩니다.

STEP 3 → '언제, 어디서, 누가' 등을 하나씩 질문하면서 답을 끌어냅니다.

예를 들면 "어제 있었던 일에 대해서 물어볼 거야. 뭔가 짚이는 게 있니?"라고 물어봅니다. 즉, '언제, 어디서, 누가'처럼 힌트를 주듯이 전합니다. 아이는 말할지 말지 갈등하겠지요. 한꺼번에 묻지 말고 하나씩 질문해서 생각할 시간과 솔직하게 말할 기회를 줍시다.

POINT

● 침묵을 중요하게 여깁니다.

아무래도 교사는 빨리 사실 확인을 해서 문제를 해결하고 싶다는 마음이 앞서게 됩니다. 하지만 절대 서두르면 안 됩니다. 제대로 확인하는 것이 중요합니다. 그리고 이때 침묵하는 시간을 만드는 것이 매우 중요합니다. 예를 들면 이때다 싶은 순간은 20초 정도 침묵합니다. 이 20초는 아이에게 매우 길게 느껴집니다.

교사가 긴 침묵을 유지하면 많은 아이가 이 침묵을 깨고 사실을 말하기 시작합니다. 말이나 행동뿐만 아니라 '아무것도 하지 않는 것'으로도 의사를 전할 수 있습니다. 단계적으로 질문하면서 대화를 주고받는 동안에 사건을 명확하게 파악하는 것이 중요합니다.

유의점

아이에게 다가가 공감하면서 듣습니다. 어디까지나 '확인 단계'입니다. 교사가 일방적으로 단정해서는 안 됩니다. 또는 대답을 특정 방향으로 유도해서도 안 됩니다. 그렇게 되면 오히려 사실을 제대로 알 수 없게 될뿐더러 아이가 교사를 불신하게 됩니다. 아이에게 다가가 공감하면서 듣는 것을 전제로 진행하는 것이 중요합니다. 이런 행동을 통해 아이가 싫어하는 사실 확인의 행위가 오히려 신뢰 관계를 구축하는 기회가 될 수 있습니다. 이렇게 질문하다 보면 아이 대부분이 사실을 말합니다. 아이에게서 사실을 끌어낸다는 자세로 임하면 지금껏 스스로 사실을 말한 적이 없던 아이도 솔직하게 이야기하게 됩니다.

정리

단계적으로 질문을 반복해 아이에게서 사실을 끌어내도록 합시다.

사실 확인②
솔직한 대답 끌어내기
손실 회피의 법칙

앞선 상황에서 아무리 노력해도 아이에게서 사실을 끌어낼 수 없을 때도 있습니다. 그러나 이때 질책이나 협박 등을 하면 오히려 아이 마음에 상처를 주게 됩니다. 이럴 때는 어떤 방법으로 끌어낼 수 있을까요?

심리 키워드

손실 회피의 법칙

손실 회피의 법칙이란 무의식적으로 '이익을 보는 것'보다도 '손해를 입는 것'을 피하려고 하는 심리 작용을 말합니다. 아이도 마찬가지로 솔직하게 말하는 편이 좋을지, 아니면 말하지 않는 편이 좋을지 마음속으로 저울질합니다. 이익을 보는 것보다 손해를 입는 것을 제시해 유도함으로써 솔직하게 말하게 만드는 것이 목적입니다.

실천 전략

모두에게 이 이야기를 물어봐도 되는지 묻습니다. 보호자나 주위에서 들은 정보를 통해 이 아이가 한 일이 거의 확실한 경우일지라도 위압적인 지도는 하지 않습니다.

교사의 말

"반 아이들 모두에게 물어봐도 되겠니?" 하고 전체가 있는 장소에서 물어보는 것을 제안합니다. 사실을 모를 때는 다른 사람에게 물어

보는 것이 효과적이라고 설명합니다. 확실히 다른 정보가 있으면 사실 확인을 정확하게 할 수 있습니다. 이러한 내용을 분명히 설명하고 아이에게 다른 사람에게 물어봐도 되는지 질문합니다. 이때 아이가 이해해 주는 것이 중요합니다.

POINT

다양한 지도에서 중요한 것은 아이의 이해를 얻는 것입니다. 확실히 설명하고 수긍할 수 있게 지도하도록 유념합시다.

하지만 아이 대부분은 다른 사람들 앞에서 화제가 되는 것을 꺼립니다. 즉, 큰일로 만드는 것(손해를 보는 것)을 피하고자 "사실은…." 하고 이야기하는 아이가 많습니다. 만약 아이가 숨기는 게 없다면 반대로 "모두에게 물어보세요." 하고 말할 것입니다.

유의점

이러한 질문은 말투나 상황에 따라 위압감을 주게 됩니다. 아이의 상태 등을 고려해 실천하는 것이 중요합니다.

정리

아무리 노력해도 사실을 알 수 없다면 반 아이들 모두에게 묻는 시간을 가지도록 제안합시다.

문제 대응 33

싸움 중재①
서로의 이야기 들어주기
자기합리화

학급 생활을 하다 보면 아이들끼리 다툼이 생기기 마련입니다. 싸움 등 다툼이 생겼을 때는 양쪽을 불러 사정을 듣습니다. 이때 한 명이 잘 얘기하고 있는데 중간에 끼어드는 아이가 있습니다. 교사는 잘 들어야겠다고 생각해 끼어든 아이의 이야기를 듣습니다. 하지만 "아냐! 그게 아니야!" 하고 다시 다른 아이가 끼어듭니다. 정확한 정보를 들으려다가 점점 혼란스럽게 되는 경우가 있습니다. 이럴 때는 어떻게 해야 할까요?

심리 키워드

자기합리화

자기합리화란 자신을 정당화하려는 심리를 말합니다. 문제가 생겨 교사나 다른 사람에게 이야기할 때 자신을 지키기 위해, 혹은 자신이 올바르게 보이게끔 주장합니다. 이런 심리가 있음을 이해하고 지도에 임하는 것이 매우 중요합니다.

실천 전략

한 명씩 말하게 합니다. 교실 등에서 싸움이 일어나면 우선은 해당하는 아이를 부릅니다. 교사가 아이들이 하는 이야기를 들을 때, 다른 아이가 자신을 정당화하기 위해 중간에 끼어드는 경우가 종종 있습니다. 하지만 서로 끼어들면서 말을 하면 정리가 되지 않고 오히려 혼란을 일으킵니다. 따라서 한 명씩 말하게 합니다.

교사의 말

교사는 끼어드는 아이에게 **"나중에 네 얘기도 들을 테니 지금은 친구의 얘기를 들어보자."** 하고 설명합니다. 이렇게 지도하면 얘기하고 있던 아이는 안심하고 말할 수 있습니다. 끼어들었던 아이도 자기 이야기를 제대로 들어준다고 안심할 수 있습니다. 이렇게 함으로써 정확하게 어떤 일이 있었는지 확인할 수 있습니다.

POINT

● 끼어든 것 자체를 강하게 주의시킵니다.

심리학적으로 끼어들고 싶은 마음이 생길 수밖에 없습니다. 하지만 "끼어들지 말고 듣자."라고 지적합니다.

● 반드시 양쪽의 주장을 듣습니다.

어떤 상황일지라도 양쪽에는 각자의 입장이 있습니다. 명확하게 잘못된 행위를 했더라도 반드시 주장하고 싶은 말을 하게 합니다. 이처럼 한 명씩 이야기를 들으면 스스로 자제하면서 상대방 말을 듣게 됩니다. 따라서 혼란 없이 사실 확인을 할 수가 있습니다.

정리

한 명씩 이야기를 들어서 정확한 사정을 알아냅시다.

문제 대응

싸움 중재②
잘못을 인정하게 하기
이븐 어 페니 테크닉

아이들 사이에서 문제는 자주 생깁니다. 그때 순순히 자기 잘못을 인정하고 사과하게끔 지도하는 것이 중요합니다. 하지만 아이들이 서로 양보하지 않고 잘못을 인정하지 않을 때가 많습니다. 설령 잘못을 인정했다고 해도 어딘가 불만이 남아 있는 듯한 모습일 때도 있습니다. 이렇게 되면 교사는 아이는 물론 보호자에게도 신뢰를 잃게 될 수 있습니다.

심리 키워드

이븐 어 페니^{Even a Penny} **테크닉**

이븐 어 페니 테크닉이란 '조금'이라고 말해서 부탁을 들어주게끔 만드는 기술입니다. 어른도 아이도 자기 잘못을 인정하는 데는 큰 용기가 필요합니다. 그 허들을 조금이라도 낮춰 줄 필요가 있습니다. 그래서 싸움을 중재할 때는 **마법의 말**인 **'조금'**을 사용합니다. 아이가 훨씬 더 쉽게 사과하게끔 유도할 수 있습니다.

실천 전략

> STEP 1 → 해당하는 아이들을 불러 제대로 사실 확인을 합니다.

교실에서 쉬는 시간에 두 아이가 다투었다고 합시다. 사실 확인 단계에서 교사는 반드시 쌍방의 주장을 들어야 합니다. 서로 나름대로 하고 싶은 말이 있기 마련입니다.

STEP 2 → 서로의 주장을 정리합니다.

예를 들어 B는 A가 자신의 험담을 해서, A는 B에게 세게 맞서서 싸우게 됐다는 사실을 알게 됐다고 합시다. 교사는 복창하게 하는 등, 서로의 주장을 정리합니다. 이런 행위를 통해 서로가 잘못했다는 사실을 명확하게 알게 됩니다.

STEP 3 → "조금이라도 잘못했다고 생각하는 사람은 손을 들어 봐."

사실 관계를 정리한 다음, '조금'이라는 단어를 사용해 지도합니다. 이때 '조금'이나 '약간이라도' 같은 말로 허들을 낮춰 주면 아이들이 말을 꺼내는 어려움을 덜 수 있습니다.

POINT

- 사과가 아니라 '좋은 행동은 아니었다'라는 사실을 확인하는 것으로 충분합니다.

사과는 허들이 높습니다. 하지만 자신들의 행동이 좋지 않았다는 사실은 서로 알고 있습니다. 이렇게 단계적으로 묻는 것, 그리고 허들을 낮추는 것으로 아이는 잘못을 인정하게 됩니다.

- 만약 손을 드는 사람이 없다면 다음처럼 말합니다.

"선생님은 서로 잘못한 점이 있다고 생각하는데 말이지." 하고 유도합니다. 그리고 "스스로 손을 드는 것은 엄청 대단한 거야." 하고 스스로 손을 드는 행동에 가치를 부여합니다.

정리

　사실 확인을 한 후, '조금'이라는 말을 사용해 쌍방이 자신의 행위를 되돌아보게끔 지도합시다.

싸움 중재③
사과하도록 지도하기
호의의 반보성 원리

앞에서 '조금'이라는 말을 사용해 자신의 잘못을 인정하게 하는 실천법을 소개했습니다. 하지만 여기서 그치면 아이가 사과하는 단계까지 도달하지 못합니다. 이 페이지에서는 사과하는 행동으로 이어지는 실천법에 관해 상세히 소개하고자 합니다. 사과하게 만드는 건 중요하지 않다는 의견도 있을 수 있습니다. 물론 상황에 따라서는 사과로 끝나지 않는 일, 사과하게 해서는 안 되는 일이 있습니다. 하지만 평소 인간관계로 문제가 생겼을 때, 자기 잘못을 인정하고 제대로 사과할 수 있는 사람으로 성장하도록 지도하는 것은 중요합니다. 그 뒷받침을 교사가 해 주어야 한다고 생각합니다.

심리 키워드

호의의 반보성 원리
호의의 반보성 원리란 무언가를 받았을 때, '보답하지 않으면 미안하다'라고 느끼게 되는 심리 작용을 말합니다. 마찬가지로 어느 한쪽이 먼저 사과하면 나머지 한쪽도 사과해야겠다고 생각하게 되는 심리 작용을 활용합니다. 이 호의의 반보성 원리를 활용하면 서로에게 사과하게 지도할 수 있습니다.

실천 전략

STEP 1 → 뭘 잘못했는지 말하게 합니다.

이전 페이지에서 자신이 무엇을 잘못했는지 명확해졌습니다. "조금이라도 잘못했다고 생각하는 사람은 손을 들어 보자."라는 교사의 말에 대부분은 손을 듭니다.

교사의 말
이때 교사는 손을 든 아이에게 **"무엇을 잘못했는지 말해 볼래?"** 하고 묻습니다. 직접 말한다는 사실에 책임을 느끼며 이야기하게 됩니다.

STEP 2 → 잘못한 점을 서로 돌아보게 했다면 사과하게끔 독려합니다.

각자 잘못한 점을 서로에게 이야기했다면 아이 대부분은 스스로 사과합니다. 다만 사과를 못 하는 아이도 있습니다. 그럴 때는 "잘못했다고 생각하면 어떻게 해야 하지?"라고 질문합니다. 이렇게 교사가 독려하면 솔직하게 사과할 수 있게 됩니다.

POINT

● 사과하는 순서에 연연해서는 안 됩니다.

잘못에도 정도의 차이는 있습니다. 하지만 중요한 것은 자기표현으로 사과하는 것, 자기 잘못을 인정하는 것입니다. 그리고 상대가 사과하면 자기도 사과해야 한다는 심리가 작용합니다.

● 무엇보다 수긍하는 것을 중요하게 여깁니다.

사과해도 수긍하지 않으면 의미가 없습니다. 불만이 남지 않도록 둘 다 잘못을 수긍하게끔 노력해야 합니다. 이런 독려와 지도로 자기 잘못을 좀처럼 인정하지 못했던 아이도 먼저 사과하게 되고, 솔직한 사람으로 성장할 수 있습니다.

정리

순서에 연연하지 말고 사과하는 것 자체의 소중함을 배우게 합시다.

문제 대응

싸움 중재④
사과에 대한 저항감 없애기
예스 긍정화법

　잘못했으면 사과하도록 지도해야 합니다. 하지만 스스로 사과하지 못하는 아이도 있습니다. 그런 아이를 지도할 때는 "제대로 사과해야지!"라고 강하게 몰아붙이기 쉽습니다. "○○해라."라고 들으면 들을수록 사람은 그것을 하기 어려워집니다. 이렇게 되면 사과하는 분위기를 조성하는 것은 어렵겠지요. 이럴 때는 어떻게 하면 좋을까요?

심리 키워드

예스 긍정화법

예스 긍정화법이란 상대가 '예스'라고 대답할 수밖에 없는 질문을 몇 차례 반복한 후, 본론을 꺼내 상대에게 '예스'라고 말하게 만드는 기법입니다. 자기 잘못을 인정하는 데에는 용기가 필요합니다. 이때 "네."라는 대답이 나오는 질문을 반복해 본론의 '예스'를 끌어내는 것이 목적입니다.

실천 전략

"네."라는 답을 두 번 말하게 한 뒤, 본론에서 "네."라는 대답을 끌어냅니다. 사실 확인을 한 후, 자기가 잘못한 점을 인정은 하지만 아무래도 사과하는 것에 저항감을 나타내는 아이가 있습니다. 하지만 제대로 사과하는 법을 배워야 합니다. 따라서 교사는 아이에게 다음처럼 말합니다.

① 교사: "친구에게 나쁜 말을 하고 말았지?"

　아이: "네."

② 교사: "스스로 잘못했다고 생각하고 있니?"

　아이: "네."

③ 교사: "그럼 사과할 수 있을까?"

　아이: "…네."

①, ②처럼 교사는 간단한 질문으로 "네."라는 대답을 끌어냅니다. 그리고 본론인 ③에서 사과할 수 있을지 물어 아이가 "네."라고 대답하기 쉬운 흐름을 만듭니다. 이때 "제대로 사과하렴."이라고 말하면 사과의 허들이 더 높아질 뿐입니다. "**한마디라도** 괜찮으니 사과할 수 있을까?"처럼 말해 사과하는 흐름과 저항감을 줄이는 상황을 만들어 내서 아이가 쉽게 사과할 수 있는 분위기를 조성하는 것이 중요합니다(P177 이븐 어 페니 테크닉 참조).

유의점

　사과한다는 형태에 너무 집착해도 안 됩니다. 사과하고 싶다는 마음이 전제돼야 합니다. 그 마음을 실현하기 위한 하나의 수단으로만 생각합시다.

정리

　사과하는 일 자체에 저항감을 느끼는 아이에게는 사과하는 분위기를 조성하고 심리적 허들을 낮춰 줍시다.

문제 대응 37

일상의 사소한 갈등에 대처하기
메타인지

제가 신임 교사였던 시절 맡았던 반에서는 사소한 문제가 매일 끊이지 않았습니다. 서로 공을 차지하려고 싸우거나, 말다툼이 벌어지거나, 상대방이 먼저 잘못했다며 탓하는 등 문제가 이어지는 날들을 보냈습니다. 신임 교사일 때는 하나하나 열심히 대처했습니다만 좋은 방법은 아니었습니다. 이럴 때는 어떻게 했다면 좋았을까요?

심리 키워드

메타인지

메타인지란 자신을 객관적으로 보고 언동을 파악하는 것입니다. 아이는 모든 걸 주관적으로 파악하곤 합니다. 따라서 자신을 객관적으로 바라보도록 지도해야 사소한 문제를 사소한 일이라고 판단할 수 있는 힘이 생깁니다.

실천 전략

예를 들어 축구공을 서로 차지하려다 말다툼이 일어났다고 합시다. 이때 저는 사실을 확인하고 서로가 좋지 않게 행동했던 점을 되돌아보게 했습니다. 하지만 여기서 끝내면 안 됩니다. 이 싸움은 서로 양보하거나 가지고 노는 순서를 정하는 등, 작은 배려가 있었다면 일어나지 않을 문제였습니다. 따라서 또다시 비슷한 상황을 맞닥뜨리게 되면 그때는 미리 주의할 수 있도록 지도해야 합니다.

STEP 1 → 작은 문제인지, 큰 문제인지 묻습니다.

교사의 말

"이 문제는 큰 문제니, 작은 문제니?" 하고 묻습니다. 이렇게 질문해서 이 문제는 사소한 것인지, 아니면 중대한 것인지를 스스로 생각하게 합니다. 서로 조금만 배려했다면 해결됐을 문제는 아닌지 객관적으로 생각하는 계기를 만드는 것이지요. 이를 통해 아이가 이후 비슷한 상황에 맞닥뜨리게 되면 주의해서 행동할 수 있습니다.

아이들 대부분은 "작은 문제예요." 하고 대답합니다. 다만 한쪽으로 의견을 강요하는 것이 아니라 생각하는 계기를 만드는 것이 중요합니다.

STEP2 '뭐, 괜찮아' 하고 끝나는 문제인지를 생각하게 합니다.

욱해서 싸우기 전에 한발 물러서서 객관적으로 생각하는 게 중요하다고 말합니다.

유의점

지도할 때는 아이에게 참고 넘어가야 한다는 잘못된 인상을 줘서는 안 됩니다. 참는 게 아니라 자신들의 언동을 한발 물러서서 객관적으로 생각하는 게 중요하다고 설명해야 합니다. 메타인지를 촉구함으로써 객관적인 시점으로 바라보고 생각하는 아이가 늘어나게 됩니다. 작은 문제는 아이들끼리 스스로 해결하는 학급으로 키워 나갑시다. 또한 의문이 생길 때는 주저하지 말고 선생님에게 상담하도록 말합니다.

정리

문제의 크고 작음을 스스로 판단해서 문제를 객관적으로 파악할 수 있도록 합시다.

교사의 마음 전하기
스케일링

　학급에서 문제가 발생했습니다. 반복해서 지도해도 좀처럼 고쳐지지 않습니다. 이럴 때 아이를 개인적으로 불러서 계속 화만 내고 끝내면 아이는 '나는 신뢰받지 못하는구나', '선생님은 나에게 기대하지 않는구나' 하고 생각하게 됩니다. 그렇다고 안이하게 "기대하고 있어."라고 말하는 것도 진심이 느껴지지 않아 아이에게 울림을 주지 못할 때가 있습니다. 이럴 땐 어떻게 독려할 수 있을까요?

심리 키워드

스케일링

스케일링이란 마음의 상태를 수치화해서 표현하는 것입니다. 교사의 마음을 아이에게 전하는 것은 중요합니다. 그래서 교사의 마음을 숫자로 나타냅니다. 숫자로 나타내면 아이에게 구체적으로 전해지기 때문이지요. 구체적으로 전해지는 만큼 아이는 교사의 마음을 이해하고 자기 행동을 고치는 계기로 삼습니다.

실천 전략

> STEP 1 → 교사의 마음 상태를 구체적으로 전합니다.

교사의 말

아이를 지도한 후, "선생님은 지금까지 여러 번 ○○(이)에게 올바른 행동을 가르쳐 줬어. 그래서 또 이런 일이 생기는 건 아닐까 하고 반은 걱정하는 마음이 들어. 선생님 마음 이해할 수 있겠니?" 하고 말합니다. 즉, '절반(10중에서 5 정도)은 걱정하게 된다.'라고 구체적으로 표현함으로써 아이는 교사의 마음을 더 잘 실감하고 이해하게 됩니다.

> STEP 2 → '절반은 기대하고 있다'라고 분명하게 전합니다.

'절반은 걱정되지만 나머지 반은 기대하고 있다'라고 아이를 신뢰하는 교사의 마음을 분명하게 전하며 아이를 격려합니다.

유의점

STEP 1에서 "또 같은 일이 생길 거라고 **생각해**."라고 단언해서는 안 됩니다. 어디까지나 여태껏 반복해서 지도했는데도 불구하고 개선되지 않기 때문에 어쩔 수 없이 염려하게 된다는 의미를 포함하는 것이 중요합니다. 그렇지 않으면 아이 마음에 상처가 생깁니다. 우려하는 마음을 먼저 전한 후, 그래도 기대하고 있다고 말합니다. 말하는 순서를 반대로 하면 의심한다는 것이 인상에 남게 되어 오히려 아이에게 불신감만 주게 됩니다. 다만 이 실천법은 매우 자극적입니다. 교사의 기분이 너무 구체적으로 전달되어 아이에게 상처를 줄 수도 있습니다. 따라서 실태와 상황에 맞게 사용해야 합니다.

아이는 교사의 지도에 자신이 혼이 났는지 아닌지 둘 중 하나로 판단하곤 합니다. 먼저 교사의 마음 상태를 명확하게 전해 아이가 잘 이해할 수 있도록 해야 아이의 행동도 변할 수 있습니다.

정리
교사의 마음 상태를 표현하고 격려합시다.

문제 해결 후 불만 해소하기
퀘스천 테크닉

　학생을 지도한 날에는 방과 후에 학부모에게서 전화가 걸려 올 때가 있습니다. "애가 말하는 거랑 선생님이 말씀하신 게 다른데요.", "우리 애 이야기를 제대로 들어주세요."라는 내용의 전화입니다. 이래서는 교사와 보호자, 아이와의 신뢰 관계가 무너져 버립니다. 이렇게 되는 요인 중 하나로 아이가 불만이 남아있거나 못다 한 말이 있는 경우를 들 수 있습니다. 과연 어떻게 해야 했을까요?

> ### 심리 키워드
>
> **퀘스천 테크닉**
> 퀘스천 테크닉이란 질문을 반복해 의견과 사실을 끌어내는 행위입니다. 이번에는 더 말하고 싶은 게 남지는 않았는지 확실하게 확인합니다. 마지막에 확인해서 말하고 싶은 것을 남김없이 다 말하게 하면 아이의 불만을 해소할 수 있습니다.
>
>

실천 전략

STEP 1 → 문제 해결 후에 반드시 확인합니다.

 사실 확인이 끝나고 문제를 해결했습니다. 하지만 이렇게 끝내면 안 됩니다. 교사가 '이야기를 통해 잘 해결했다'라고 생각해도 아이는 불만이 남았거나 못다 한 말이 있을 때가 많습니다. 이를 꼭 해소해야만 합니다.

> **교사의 말**
>
> "더 이야기하고 싶은 건 없니?" 혹은 "말하지 못했던 건 없니?" 하고 물어봅니다.

STEP 2 → 지금 이 자리에서 남김없이 다 말하는 것이 중요한 이유를 이야기합니다.

떨떠름한 마음으로 집에 가면 마음이 후련하지 않다는 점, 지금 해결해서 기분 좋게 집에 가는 게 좋다는 것을 전합니다. 말하기 꺼리는 아이가 조금이라도 자기감정을 표현할 수 있게 격려합니다.

STEP 3 → 방과 후, 아이가 집에 돌아가기 전에 학부모에게 전화를 합니다.

방과 후, 곧바로 아이 집에 전화를 해서 아이가 집에 돌아가기 전에 학부모와 통화할 수 있도록 합니다. 그날 있었던 일들을 전화로 상세히 전하는 것이 중요합니다. 교사가 먼저 정확한 정보를 전함으로써 보호자의 혼란을 방지할 수 있습니다.

POINT

물론 보호자와 바로 연락이 닿지 않을 수도 있겠지요. 하지만 '제대로 상황을 전하려고 전화했다'라는 사실을 만드는 것이 신뢰 관계를 쌓기 위해 꼭 필요한 요소라고 생각합니다. 이처럼 마지막까지 아이 목소리에 귀를 기울였다는 자세를 보호자 측에 전함으로써 보호자 또한 안심할 수 있습니다.

정리

마지막 순간까지 "더 말하고 싶은 건 없어?" 하고 꼭 확인해서 아이의 불만을 해소합시다.

문제 대응

40

문제 개선 촉구①
자극으로 의욕 환기하기
리액턴스 효과

　아이들은 좀처럼 일직선으로 성장하지 않습니다. 전진과 후퇴를 반복하며 성장하지요. 이를 긴 안목으로 지켜보는 게 무엇보다 중요합니다. 하지만 아무리 지도해도 개선되지 않을 때도 있습니다. 금방 지도했는데도 불구하고 행동에 개선의 기미가 보이지 않을 때도 있지요. 그런 경우 교사는 의연한 태도로 임해야 합니다. 왜냐하면 다른 아이에게 위해를 가할 수 있기 때문입니다. 큰 목소리로 혼내는 위압적인 방법도 있지만 이런 지도는 공포심을 일으킬 가능성이 있습니다. 그러면 어떻게 지도해야 할까요?

심리 키워드

리액턴스 효과 Reactance Effect

리액턴스 효과란 "너희들은 할 수 없어."와 같은 말로 자극받으면 "하고 말 거야!" 하고 되려 의욕이 생기는 심리 작용을 말합니다. 아이는 "○○해라."라는 말을 들을 때가 많습니다. 하지만 "○○해라."라고 들으면 들을수록 하기 싫어지는 법입니다. 본 실천법은 "○○할 수 없어."라고 말해 자극을 줌으로써 의욕을 끌어내는 데 목적이 있습니다.

실천 전략

> STEP 1 → 교사는 되도록 이른 단계에서 현재 상태를 전합니다.

교사의 말

금방 지도했는데도 불구하고 개선되지 않은 경우, **"이전에 정한 규칙이 지켜지지 않았어."** 하고 전합니다.

POINT

● 이른 단계에서 지도하는 게 무엇보다 중요합니다.

개선이 되지 않은 점을 깨닫거나 발견했을 경우 되도록 초기에 지도하는 것이 가장 중요합니다. 이전에 지도한 내용이 아직 기억에 선명하게 남아있기 때문에 아이들에게 강한 인상을 남기게 됩니다.

STEP 2 → 한 번 자극합니다.

아이들이 '좋지 않다. 고치고 싶다'라고 대답했을 경우, 교사는 **"이 상태라면 크게 바뀌지 않을 거야. 다시 해도 똑같을걸."** 하고 자극합니다.

STEP 3 → 격려합니다.

교사의 말

"이대로라도 괜찮다고 생각하는 사람은 손을 들어 보자." 하고 말합니다. 대부분 손을 들지 않습니다. 왜냐하면 아이들은 더 좋아지고 싶다고 생각하기 때문입니다. 아이들에게 '신뢰를 얻으려면 전보다 더 집중해야 한다'라고 말해 줍니다.

유의점

● 왜 복도에 줄을 제대로 못 서는지, 그 이유를 생각하게 하는 것이 중요합니다.

- 신뢰를 **잃고 있다**고 말합니다.
- '신뢰를 잃었다'라고 단언하는 것은 아이의 긍정감에 상처를 줍니다.

정리

아이들의 요구를 들어주려고만 하지 말고 가끔은 자극을 줘서 의욕을 환기합시다.

문제 대응

문제 개선 촉구②
직접 체험해 보기
롤플레잉

아무리 지도해도 개선되지 않는 요인 중 하나로 실감하지 못하는 경우를 들 수 있습니다. '올바른 자세로 걸으려면 실제로 어떻게 해야 하는지' 등 적절한 행동을 이해하지 못했다거나 '어느 부분이 좋지 않은지' 이해하지 못했을 수도 있습니다. 질책하거나 말로만 지도하면 개선되지 않을 때가 있습니다. 그럴 때는 아이들이 실감할 수 있도록 체험을 동반한 지도가 필요합니다.

심리 키워드

롤플레잉
롤플레잉이란 유사 체험을 통해 어떤 일이 실제로 일어났을 때 적절하게 대응할 수 있게끔 하는 하나의 학습 방법입니다. 말로만 지도하는 것이 아니라 실제로 체험함으로써 더 깊이 이해할 수 있습니다.

실천 전략

이번에는 복도 보행에 관해 체험을 동반한 지도를 소개하겠습니다.

STEP 1 → 모든 아이를 복도에 모읍니다.

계단에서 복도로 이어지는 곳에서 뛰는 아이가 있습니다. 이 내용은 지도한 지 얼마 안 된 내용입니다. 전과 같은 지도를 하면 같은 상황이 반복될 가능성이 있습니다.

STEP 2 → 역할을 맡아 실제로 해 봅니다.

교사는 충돌사고가 일어나지 않도록 아래 사항을 주의합니다.
- 역할을 연기하는 아이가 '조금 천천히' 뛰어오도록 합니다.
- 두 사람이 마주치는 충돌 장면을 충분히 설명합니다.
- 교사는 충돌하는 위치에 서서 사고를 예방합니다.

한 명은 계단을 뛰어올라오고 또 다른 한 명은 복도에서 계단 쪽으로 걸어옵니다. 계단을 다 올라온 곳에서 마주치도록 합니다. 상황을 몇 번씩 반복하는 동안 위험한 장면을 몇 개씩 발견할 수 있습니다. **이때, 실제로 부딪힐 필요는 없습니다. 직접 부딪히지 않아도 충분히 위험한 상황을 상상하고 이해할 수 있습니다.**

STEP 3 → 복도를 걷고 계단을 오르는 올바른 방법을 실제로 연습해 봅니다.

앞선 롤플레잉에서는 두 명만 상황 재연에 참여했습니다. 이제 다른 아이들도 모두 실제로 적절한 복도 보행을 몸으로 느끼며 체험할 수 있도록 지도합시다. 이렇게 하면 실제로 보는 것뿐만 아니라 실감하면서 이해할 수 있습니다. 안전한 복도 보행의 중요성을 이해하고 적절한 방법을 몸으로 익히면 놀랄 정도로 개선됩니다.

유의점
다시 한번 안전에 유의하면서 실천하는 것이 중요합니다.

정리
실제로 보고 행동으로 실천해 개선할 수 있도록 지도합시다.

욱해서 친구를 때리는 아이 지도하기
솔루션 포커스 어프로치

한 아이가 싸우다가 욱해서 그만 친구를 때리고 말았습니다. 이때 자기 스스로 자제하는 힘을 기를 수 있도록 격려해 줍시다. 보통 이런 아이를 지도할 때는 아이를 혼낸 다음 사과하게 하고 앞으로는 절대 하지 말라고 설교하곤 하지요. 하지만 이래서는 자기긍정감을 키울 수 없고 오히려 훨씬 더 나쁜 행동을 하게 될 수도 있습니다. 따라서 아이를 격려해 다음 단계로 발전하게 할 필요가 있습니다. 그러려면 어떻게 해야 할까요?

심리 키워드

솔루션 포커스 어프로치 Solution Focused Approach

솔루션 포커스 어프로치란 원인을 언급하지 않고 앞으로 어떻게 되고 싶은지 미래의 모습에 집중하게 해 문제를 해결하는 심리치료법입니다. "왜 그렇게 했어?" 하고 원인을 탐색하는 것은 최소한으로 합니다. 그 대신 지금 가지고 있는(노력하고 있는) 힘(자원) 등을 발견하게 해 미래의 모습에 초점을 둠으로써 아이가 변화하도록 지도합니다.

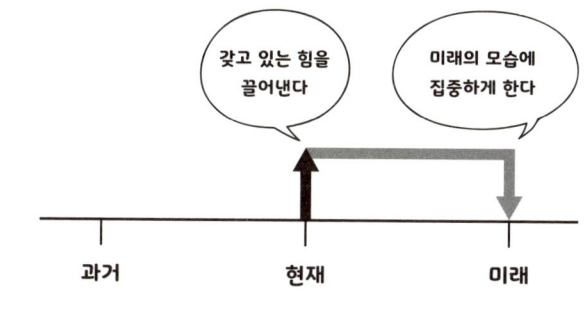

실천 전략

친구를 때린 아이가 있습니다. 게다가 이번뿐만 아니라 이전에도 이런 일이 몇 번 있었습니다. 교사는 때린 경위 등 사실 확인을 하고 확실하게 지도해야 합니다.

STEP 1 → 자기 행위를 수치화하게 한다.

교사의 말

"친구를 얼마만큼의 힘으로 때렸니? 때린 힘을 0부터 10까지로 표현하면 어느 정도야?"

아마 아이는 "6이에요." 등으로 말하겠지요. 이처럼 아이는 자신이 때린 행위의 힘의 강도를 수치화함으로써 자기 기분과 행동을 돌아보게 됩니다. 이때 정직함은 요구하지 않습니다. 제대로 숫자로 변환하는 것 자체에 중점을 둡니다.

STEP 2 → 노력한 점에 주목하게 합니다.

교사의 말

"4만큼은 참았구나."라고 말하면서 노력한 점을 인정합니다. 아이가 때린 힘인 '6'이 아니라 참은 '4'에 주목하게 합니다. 이 '4'는 참았다는 것을 발견하게 해 줍니다.

STEP 3 앞으로(미래)를 더욱더 격려합니다.

'4'라는 참은 부분을 발견해 다음처럼 질문합니다.

교사의 말

"다음부터는 어느 정도 노력할 수 있을 것 같아?" 아이는 대부분 4보다 큰 숫자를 말합니다. 예를 들면 '5'라고 말할 수도 있습니다. 참은 수치가 '4'에서 '5'로 늘어났습니다.

교사의 말

"오! 늘어났네! 노력하려고 하는구나!" 하고 4에서 5로 늘어난 점을 칭찬해 "기대하고 있어."라고 격려합니다. 이런 응원을 통해 아이는 크게 변합니다. 여태껏 부정당하고 질책만 받다가 자기의 노력을 인정받고 격려받았기 때문입니다. '노력해야지' 하고 다짐해 친구를 때리는 일이 줄어듭니다.

유의점

이 실천법은 때리는 일을 용인하고 있는 것처럼 보일 수도 있지만, 절대 그렇지는 않습니다. 때린다는 행위에 대해서는 단호한 태도로 지도해야만 합니다. 하지만 발달장애 등이 있는 아이는 안 된다는 말만 계속해서 들을 뿐 개선되지 않는 경험을 반복할 수 있습니다. '혼난다→자기긍정감이 낮아진다→또 때린다→혼난다'라는 악순환을 끊어 내야만 합니다. 이때 행위를 수치화해서 미래의 모습에 집중하게 함으로써 변화하는 계기를 만드는 것입니다.

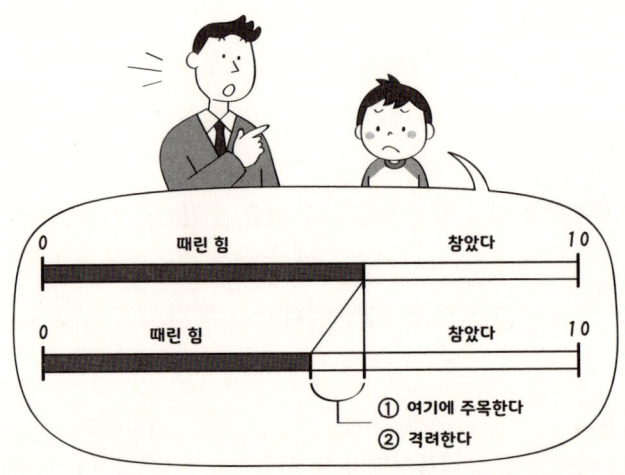

정리

- '때린 힘의 정도'를 수치화하게 한다.
- 노력해서 참은 점에 주목하게 한다.
- 다음에 좀 더 노력해야 한다는 부분에 집중하게 한다.

이러한 격려의 결과, 아이가 친구를 때리지 않게 되는 경우가 많습니다. 아마 이런 접근 방식으로 인정받고 응원받았던 경험이 없었을 테지요. 부정적인 부분이 아니라 긍정적인 부분을 끌어내 응원하는 일은 매우 중요합니다.

단체 놀이에서 불만에 대처하기
메타인지

　학급에서 모두가 참여하는 놀이를 합니다. 그럴 때 '반칙을 했다', '쟤가 잘못했다'라는 목소리가 들려오곤 합니다. 그러면서 근처에 있는 친구와 수군수군하게 되죠. 이런 행동은 절대로 그냥 넘어가면 안 됩니다. 이 같은 일이 만연한 반은 좋지 않습니다. 학급이 무엇인지를 아이들이 제대로 이해하지 못했다고도 볼 수 있습니다. 따라서 조금이라도 불만을 표현하면 지도해야 합니다. 이때 아이에게 '학급이란 어떤 것인지', '즐긴다는 것은 어떤 일인지'를 확실히 이해하게 만드는 게 중요합니다.

심리 키워드

메타인지

메타인지란 자신을 객관적으로 보는 것을 말합니다. 모두가 참여하는 놀이나 집단행동을 할 때 아이는 즐겁다, 즐겁지 않다 등 주관적으로 판단하기 쉽습니다. 또한 그 불만을 말로 표현할 때가 있습니다. 그런 아이에게는 반 아이들 전체에게 질문하게끔 합니다. 이렇게 하면 전체의 문제로 다뤄야 할지, 개인적인 감정에 의한 것인지 알 수 있는 계기가 됩니다.

실천 전략

교사의 말

"반 아이들 전체에게 당당하게 물어보자. 혹시 누가 반칙을 했다고 생각한다면 그 친구에게 가서 이야기하자."라고 말합니다. 그리고 '개인적인 억지인지, 정말 치사하게 했는지'를 묻고 객관적으로 파악할 수 있도록 합니다. 개인적인 억지인 경우, 대부분 여기서 더 이상 불만을 말하지 않게 됩니다. 아이들이 끝까지 호소하면 다 같이 확인합니다.

교사의 말

"우리가 놀이를 하는 목적은 다 같이 즐기기 위해서지?" 이를 간과하면 안 됩니다. 다 함께 노는 것은 승부를 겨루기 위해서가 아니라 유대감을 쌓기 위해서입니다. 이 점은 여러 번 반복해서 말해 줍시다.

교사의 말

"**불만을 갖고 있으면 즐거운 활동을 해도 즐겁지 않아. 문제가 있다면 다 함께 얘기해서 좀 더 좋게 만들어 보자.**" 불만의 내용을 부정하지는 않습니다. 다만 수군대거나 뒤에서 말하는 게 문제라는 사실을 지도합니다.

교사의 말

"**'그럴 수도 있지'라고 생각하면 대견할 텐데.**" 아주 사소한 일에도 연연하는 아이들이 있는데, 이런 점은 고치도록 도와주는 것이 좋습니다. 집단생활에서는 어느 정도 마찰이 생기는 법입니다. 관용하는 태도도 때로는 필요합니다. 이런 태도의 중요성을 전합시다. 여기서 주의할 점은 강압적으로 하지 않는 것입니다. "**선생님은 '뭐, 그럴 수도 있지'라고 용서해 주면 좋을 것 같아.**"라고 전하는 정도로 충분합니다.

POINT

● 집단 놀이를 하다 보면 다툼이 생길 수 있다는 점을 염두에 두는 것이 좋습니다. 이를 피하지 않고 극복하면 한층 더 멋진 학급으로 거듭날 수 있습니다. 따라서 조금이라도 불만이 생겨 분위기가 안 좋아지면 교사가 이를 지도하고 넘어가는 자세가 중요합니다. 놀이와 집단활동을 통해 성장하게끔 지도하는 것을 잊어서는 안 됩니다.

● 모두에게 질문해야 할 내용인지 아닌지 생각해 봄으로써 객관적으로 상황을 판단하는 습관을 기를 수 있게 합시다.

아이들이 집중하지 못할 때 대처하기
릴랙스 효과

학급 전체를 지도할 때, 그다지 반응이 좋지 않을 때가 있습니다. 듣고 있는 사람이 적거나 듣고는 있지만 설렁설렁 듣고 있을 때도 있습니다. 원인을 확실히 파악해 이야기를 짧게 하는 등 노력이 필요하겠지만, 때로는 말이 길어지더라도 꼭 전해야 하는 상황이 있기 마련입니다. 다만 여기서 교사가 "선생님 이야기 제대로 들어!" 하고 강하게 말하는 것은 피했으면 합니다. 이렇게 하면 오히려 아이들은 교사의 말을 듣기 싫다고 생각합니다. 그렇다면 어떻게 하는 게 좋을까요?

> **심리 키워드**

릴랙스 효과

릴랙스 효과란 화자가 '잊어버려도 되니까'라는 식으로 말하면 청자가 오히려 주의해서 듣게 된다는 효과입니다. 즉, "이 내용은 듣고 싶은 사람만 들어."라든지 "절반 정도의 인원에게만 전해지면 돼.", "선생님 혼잣말이라고 생각하고 들어줘."라는 식으로 강요하지 않는다는 느낌을 줍니다. 이렇게 하면 아이들은 되려 '무슨 얘기지?' 하고 관심을 가지게 되고 결과적으로 많은 아이가 이야기를 듣도록 만들 수 있습니다.

실천 전략

학급 전체에게 문제가 있었다고 합시다. 그럴 때 교사는 전체 학생을 지도해야 합니다. 하지만 아이들이 이야기를 잘 듣지 않는 것 같습니다. 종례 시간이나 운동회가 끝났을 때 등 아이들이 지쳐 있을 때도 있지요. 원래라면 다음 날에 지도하는 등 다른 방법이 좋을 때도 있습니다.

교사의 말

하지만 꼭 당일에 전해야만 하는 상황도 있습니다. 그럴 때는, **"지금부터 하는 이야기는 절반 정도의 인원에게만 전해지면 돼."** 하고 서론을 말하고 이야기를 시작합니다. 교사가 아무리 장황하게 말한들 들을 생각이 없는 아이에게는 닿지 않습니다. 하지만 '반 인원의 절반만 들어도 된다', '이야기를 제대로 들을 수 있는 능력이 있는 사람에게만 전한다'라고 한정함으로써 아이들이 '들어야지' 하는 마음을 먹게 할 수 있습니다.

유의점

아이에 따라서는 '선생님이 듣지 않아도 된다고 해서 정말로 듣지 않았다'라고 말할 수도 있습니다. 그때는 "너에게는 전해지지 않았구나. 아쉽네."라는 마음을 전합니다.

POINT

이것은 전체를 지도할 때뿐만 아니라 개인을 지도할 때도 큰 효과를 발휘합니다. 개인지도를 할 때 아이에게 전하고 싶은 것이 많아지는 경우가 있습니다. 그때 "이 내용은 머리 한쪽 구석이라도 상관없으니 기억해 둬."라고 일부러 강제하지 않는다는 메시지를 포함해서 전합니다. 이렇게 함으로써 오히려 그 내용이 아이 머릿속에 쉽게 들어가게 됩니다.

정리

　이야기를 듣고 있지 않다고 판단되는 경우는 일부러 반대되는 방향으로 발상의 전환을 해 봅시다.

공감하며 상황 지켜보기
경청

어느 날 방과 후, A가 "저 왠지 B에게 미움을 산 것 같아요!!" 하고 상담을 요청했습니다. 교사는 정의감으로 곧바로 B를 불러 지도하려고 할 수 있습니다. 반대로 교사가 A의 고민을 별거 아닌 것으로 여기고 그 자리에서 제대로 반응해 주지 않거나 이야기를 진지하게 듣지 않는 상황도 있습니다. 이러한 지도를 하면 두 아이의 관계가 괜히 더 나빠지거나 교사와 아이의 관계에 골이 생길 수도 있습니다.

> ### 심리 키워드
>
> **경청**
>
> 경청이란 상대를 잘 이해하고 기분을 헤아려 공감하며 듣는 태도를 말합니다. 상황과 아이에 따라서는 해결을 바라는 게 아니라 그저 이야기를 들어주었으면 하는 경우가 있습니다. 아이는 교사에게 자기 고민을 전함으로써 기분이 훨씬 가벼워집니다. 그러한 경청의 효과를 이해하고 상담을 진행하면 아이에게 최선의 지도를 할 수 있습니다.

실천 전략

STEP 1 → 우선은 이야기를 들어줍니다.

 이 단계의 포인트는 몸 방향을 아이 쪽으로 돌려 "응, 응."하고 고개를 끄덕이는 것입니다. 아이가 한 말을 반복하는 등 공감하며 이야기를 듣습니다. 교사에게 상담하러 오는 행동은 용기가 필요합니다. 그 마음도 포함해 아이가 불안해하는 것 또는 일어난 일들에 대해 귀 기울여 들어줍시다.

POINT

어디까지나 제삼자로서 냉정을 잃지 않고 들읍시다. 감정적으로 이야기를 듣는 것은 피해야 합니다. 상대방인 B에게도 사정이 있을 수 있습니다. 상담하러 온 A의 기분과 사실을 '동정하는' 것이 아니라 '이해하는' 것에 중점을 둡시다.

STEP 2 → 어떻게 하고 싶은지를 물어봅니다.

교사의 말

아이의 이야기를 모두 듣고 난 뒤, **"어떻게 할래? 그럼 B와 같이 이야기를 해 볼까?"** 하고 물어봅니다. "같이 얘기해 보고 싶어요."라고 말하면 서로 대화를 합니다. 하지만 "괜찮아요. 조금 더 있어 볼게요."라고 말할지도 모릅니다. 어찌 됐든 아이 의견을 존중해 주는 것이 중요합니다. 마음을 제대로 받아 주면 아이는 안심하게 됩니다. 이렇게 안심할 수 있도록 하는 것이 매우 중요합니다.

유의점

주의할 점은 교사가 판단을 내리지 않는 것입니다. 만약 "그럼 일단 상황을 지켜볼까?"라고 교사가 정해 버리면 아이는 '선생님이 일방적으로 결정한다'라고 느낍니다. 아이의 의견에 귀를 기울일 필요가 있습니다.

정리

 경청하는 것도 어엿한 지도 기술입니다. 아이가 말하는 내용을 듣는 시간을 소중히 여깁시다.

문제 대응

성장하고 있다는 점 알려 주기
라벨링 효과

문제에 대응할 때 마지막은 어쨌거나 아이에게 용기를 주는 것이 중요합니다. 고쳐야 할 점만 지적하고 그대로 끝내는 경우가 있는데 이는 좋지 않습니다. 하지만 늘 말썽을 일으키고 좋은 점, 격려할 점이 없는 것처럼 느껴지는 아이도 있기 마련이지요. 이런 아이는 어떻게 격려하면 좋을까요?

심리 키워드

라벨링 효과
라벨링 효과란 상대방(아이)에게 원하는 이미지의 '라벨'을 붙임으로써 점점 바꾸어 나가는 기술입니다. 말썽만 일으키고 좋은 점을 찾기 어려울 때는 칭찬할 만한 행동을 하지 않았더라도 '바람직한 아이상'을 그 아이에게 붙입니다. 그렇게 함으로써 아이를 조금씩 바꾸어 나갈 수 있습니다.

실천 전략

늘 말썽을 피우는 아이가 있습니다. 지금까지 지도해 온 것처럼 사실 확인을 하고 해결안을 지도합니다. 하지만 지적하는 것뿐만 아니라 용기를 주거나 격려할 필요도 있습니다.

교사의 말

"○○(이)는 성장하고 있어. 전과 비교했을 때 상대방을 배려하는 일이 늘었어."라고 전합니다.

유의점

실제로 교사가 그렇게 생각하지 않아도 됩니다. 다만 성장했다는 라벨을 붙이는 것이 중요합니다.

POINT

● 개인의 변화를 전합니다.

1학기 때부터 지금까지의 변화를 전합니다. 혹은 연달아 담임을 맡았다면 작년과 비교합니다.

● 학급 친구들끼리 서로 칭찬하는 활동을 일상적으로 진행하고 다른 아이에게서 칭찬받은 사실을 정리해 둡니다.

학기 말에 쓰는 편지나 칭찬하는 시간에 나온 표현을 사용해 친구들에게도 인정받고 있다는 사실을 전합니다.

● 이미 성장했음을 전합니다.

'○○하면 성장할 수 있을 텐데'처럼 말해서는 안 됩니다. 중요한 것은 이미 성장했다고 인정하는 것입니다.

● 아이를 향한 신뢰의 마음을 전합니다.

'○○(해당하는 아이)는 그렇지 않다고 생각해도 선생님(나)은 성장했다고 생각하고, 다른 사람에게도 인정받고 있다'라고 전합니다.

정리

교사가 바라는 바람직한 모습을 이미 아이가 스스로 가지고 있다고 생각하게 만들어 크게 성장할 수 있게 지도합시다.

마치며

　신임 교사 시절, 저는 늘 고뇌에 빠져 있었습니다. 밤에 잠이 오질 않고 식욕이 없어지는 등 신체에 이상 증상이 나타날 정도로 내몰렸지요. 그 원인은 학급경영이 잘 이루어지지 않아서였습니다. 아이들이 말을 잘 안 듣고 매일매일 교실에서 문제가 생기니 견디기 어려워 교사를 그만둘 생각을 할 정도였습니다.

　그러던 어느 날, 심리학을 접하게 됐습니다. 그리고 심리학을 통해 기술뿐만 아니라 '타인의 심리를 헤아리는 것'의 중요성을 알게 되었습니다. 그렇게 타인의 심리, 즉 아이의 입장이 되어 생각하는 것을 배웠습니다. 아이 입장이 되어 생각해 보니 지금까지의 제 지도는 정말로 엉망이었습니다. 명령하고 압력을 가해 아이들을 틀에 억지로 끼워 맞추려는 지도. 그래서는 아이들이 반발할 수밖에 없었지요.

　저는 아이들을 정해진 틀에 끼워 맞추지 않고 아이들 스스로 성장할 수 있게 하려면 어떻게 해야 좋을지 생각하기 시작했습니다. 그래서 아이의 의견을 끌어내기 위해 격려하기도 하며 자기결정의 분위기를 만들게 되었습니다. 그 결과, 학급에서 발생하는 문제도 줄어들고 아이들이 즐겁게 생활하게 되었습니다. 또한 할 일을 스스로 찾아서 하거나 서로를 돕는 등, 배려가 있는 집단으로 변해 갔습니다.

　하지만 심리학의 법칙과 원칙을 그대로 교실에 적용하는 것은 위험할 수 있습니다. 참고로 삼거나 학교생활 속에서 아이가 더욱더 좋은 자세로 성장했을 때 근거로 삼는 정도가 적당하다고 생각합니다.

  심리학을 잘 활용하면 아이의 실태를 파악하는 법, 지도할 때 아이의 심리를 읽어 내는 자세, 지도 후 아이의 변화를 파악하는 법을 배울 수 있습니다. 심리학이 전하는 '아이 이해의 중요성'이 교육 현장에 널리 보급되어 괴로움을 겪고 있는 교사와 아이들에게 도움을 주고, 조금이라도 웃음꽃이 피어나는 교실을 만들 수 있기를 진심으로 바랍니다.

  이 책이 출판되기까지 많은 분의 도움을 받았습니다.

  우선 출판사 측에 저를 소개해 주신, 수업 준비를 위한 무료 정보 사이트 '포레스타넷' 사무국의 시마누키 료타(島貫良多) 씨. '들어가며' 에서도 적었지만 포레스타넷은 매우 귀중한 정보 사이트입니다. 만약 흥미가 있는 분이 계시면 꼭 참고해 주셨으면 합니다.

  그리고 집필에 관해서 하나부터 열까지 지도해 주신 동양관 출판사의 기타야마 토시오미(北山俊臣) 씨, 알기 쉬운 그림을 그려주신 구마아트(熊アート) 씨, 여러분의 도움 덕분에 멋진 책이 완성되었습니다. 감사합니다.

  끝으로 육아와 업무로 바쁜데도 불구하고 나에게 글을 쓸 시간을 만들어 준 아내에게도 고마운 마음을 전합니다!

아베 신야

자율과 신뢰의 교실을 만드는 담임 노하우 46
초등 학급경영, 심리학이 필요해

발행일 2023년 12월 5일
발행처 한국교육정보연구원
발행인 현호영
지은이 아베 신야
옮긴이 임지인
편 집 황현아
디자인 강지연
주 소 서울특별시 마포구 백범로 35, 서강대학교 곤자가홀 1층
팩 스 070.8224.4322

ISBN 979-11-93217-09-2

한국교육정보연구원은 유엑스리뷰 출판그룹의 교육 전문 단행본을 기획하고 연구합니다.

SHINRI TECHNIQUE WO TSUKATTA! SENRYAKUTEKI NA GAKKYU KEIEI
by Shinya Abe

Copyright © Shinya Abe, 2020
All rights reserved.

First published in Japan by Toyokan Publishing Co., Ltd., Tokyo
This Korean edition published by arrangement with Toyokan Publishing Co., Ltd., Tokyo
in care of Tuttle-Mori Agency, Inc., Tokyo through Eric Yang Agency, Seoul.

*이 책의 한국어판 저작권은 에릭양에이전시를 통해 저작권자와 독점 계약한 유엑스리뷰가 소유합니다. 저작권법에 의하여 한국 내에서 보호를 받는 저작물이므로 무단 전재 및 복제를 금합니다.

*잘못 만든 책은 구입하신 서점에서 바꿔 드립니다.

> 좋은 아이디어와 제안이 있으시면 출판을 통해 가치를 나누시길 바랍니다.
> 투고 및 제안 : uxreview@doowonart.com